새마을금고

눈 먼 돈

2025년 7월 10일 초판 1쇄 발행

저　　자 | 안경묵, 조형곤
발 행 인 | 안경만
발 행 처 | 도서출판 경인디앤피
등　　록 | 2001. 9. 19 / 제300-2001-181호
주　　소 | 서울시 중구 필동로 37 평강빌딩 3층
전　　화 | 02) 741-5941~5
팩　　스 | 02) 741-5944
이 메 일 | 7415941@hanmail.net
홈페이지 | http://www.kyungindnp.com

값 15,000원

ISBN 979-11-88804-50-4

새마을금고

눈 먼 돈

안경묵 조형곤 지음

사금고가 된 서민금융
보호받지 못하는 국민의 돈

저자 소개

안경묵
서민금융선진화시민연대 공동대표
의령군 장애청소년후원장학회 회장(설립)
대한종합상사(식품첨가물 제조) 대표
전) 기독실업인회 인천연합회 회장
전) 경기은행 신포지점 명예지점장
전) 인천온누리새마을금고 감사
전) 소방안전협회 중앙회 이사
전) 유독물협회 인천지부장
전) 초록우산 어린이재단 인천지부 후원회장(40년 감사패)
전) 함께하는 다문화가정 지원 후원회 설립회장
마산공고 졸업, 국가기술자격 취득
 - 원동기, 독극물, 위험물, 도시가스, 방화관리
보사부 장관상 수상

조형곤
전) EBS 이사
서민금융선진화시민연대 상임대표
21C미래교육연합 대표
한국미래회의 사무총장

주요 활동

【새마을금고개혁 활동】

【새마을금고개혁 tv】

▷ 초록우산 어린이재단 전국 지부 설립을 함께 했던 인연으로 안경묵 공동대표의 칠순을 맞아 최불암 초록우산 어린이재단 후원회장이 보낸 축하 편지

안경묵 후원자님께

후원자님께서 살아오신 삶의 보람과 의미를 다 헤아릴 길 없지만,
어려운 아이들에게 보내주시는 따뜻한 사랑의 크기로 그 깊이를 가늠해봅니다.
후원자님께서 걸어오신 나눔의 길을 도움 받던 아이들이 뒤따라
걸을 수 있다면 그보다 아름다운 유산은 없을 것입니다.
값진 사랑으로 아이들의 미래를 열어주시는 후원자님을 존경합니다.
후원자님 나눔 덕분에 꿈을 키우고 있는 아이들과 더불어
후원자님의 삶이 더욱 행복하시기를 기원합니다.

후원자님의 뜻깊은 칠순을 축하드립니다.

초록우산 어린이재단 회 장 이제훈
후원회장 최 불 암

눈 먼 새마을금고 돈!
사금고가 된 서민금융,
보호받지 못하는 국민의 돈

    이 책은 어린 시절부터 어려운 친구와 이웃을 돕기 시작한 한 고령의 시민운동가가 평생의 경험과 정의감으로 다시 일어선 이야기이며, 또 한 사람의 기획자이자 실천가가 그의 손을 맞잡고 함께 길을 낸 기록이다.

    2017년, 인천의 한 새마을금고 감사직을 수행하던 안경묵 대표는 금고 이사장의 전횡과 대의원 제도의 왜곡, 그리고 이해할 수 없는 거액 예금 구조를 목격했다. 100억 돈을 차명계좌로 돌려 부당한 수익을 돌려주는 행태, 그리고 그 모든 것을 견제해야 할 감사와 이사회가 오히려 침묵하거나 동조하고 있다는 사실 앞에서 그는 결심했다. "이건 단순한 부패가 아니다. 구조적인 사금고화이며, 국민의 돈이 눈 먼 돈이 되어가는 체계의 문제다."

    그의 곁에 조형곤 시민운동가가 있었다. 냉철한 분석과 정책적 방법론, 통계와 제도에 대한 깊은 이해를 바탕으로 조형곤은 안 대표의 문제의식을 세상에 설득력 있게 전하는 동반자가 되었다. 이렇게 '서민금융선진화시민연대'가 시작되었고, 지난 7년간 두 사람은 서신을 보내고, 성명서를 발표하고, 유튜브 방송과 토론회를 거치며, 마침내 이 한 권의 백서를 만들어냈다.

이 책은 총 45개의 절로 구성되어 있다. 단순한 사건 기록이 아니라, 새마을금고의 설립 목적에서부터 오늘날의 구조적 부패, 사금고화, 예금자 보호제도의 착시, 그리고 조직 내부의 감시 실패와 감독 부재까지를 낱낱이 해부한다. 동시에 법 개정과 제도 정비, 감독 이관, 대의원 제도 폐지, 금고 통합, 그리고 시민의 역할까지 구체적인 개혁안을 제시하고 있다.

새마을금고는 전국 1,276개 단위금고와 2,300만 명의 이용자, 300조 원의 자산을 가진 거대한 서민금융기관이다. 그러나 그 돈은 안전한가? 보호받을 수 있는가? 그 금고는 누구의 것인가?

이 질문 앞에 우리는 말한다.

예금자보호는 환상일 수 있다.

이사장 종신제가 금고를 사금고로 만들고 있다.

'머슴경영'이라는 말은 위선이며, 실제는 70대, 80대 고령 이사장이 대출권과 인사권을 휘두르는 '작은 군주제'이다.

그 결과, 새마을금고는 고금리 미끼, PF 부실 대출, 대체투자라는 폭탄 속에서 금융기관의 본질을 잃어가고 있다.

우리는 이 책을 통해,

실명법을 무시한 차명계좌, 전관예우로 무너진 재판, 2조 원 골프장 매입, 1조 5천억 물류센터 투자 실패, 600억 뉴욕 타임스스퀘어 투자 손실 등 충격적인 사건의 퍼즐을 하나씩 맞추며, 국민 여러분께 말하고자 한다.

"이 돈은, 결국 당신의 돈입니다."

우리는 그간의 운동으로 몇 가지 성과를 이미 이루어냈다.
이사장 직선제를 이끌어냈고,
중앙선관위 위탁 선거로 선거 부정의 여지를 줄였으며,
이사장의 친인척 채용 금지를 제도화했다.
작은 시민운동이 실질적인 변화를 만들어낸 것이다.

하지만 아직 갈 길은 멀다.
이 책이 그 여정의 나침반이 되기를,
새마을금고가 다시 서민의 금융기관으로 돌아오기를,
국민의 돈이 결코 '눈 먼 돈'이 되지 않기를 간절히 바란다.

끝으로 이 책이 나오기 까지 몇 번의 탈고에 수정을 거듭하면서 애 쓴 출판사 경인디앤피 백소영 실장과 안경만 대표님께도 고마움을 전한다.

2025년 5월

서민금융선진화시민연대
상임대표 **조형곤**
공동대표 **안경묵**

목차 | CONTENTS

서 문   1

제1부   눈 먼 돈은 어떻게 만들어지는가?   11

1장. 돈을 맡긴 사람은 있고, 지킬 사람은 없다   11
    1. 새마을금고는 누구의 돈을 맡고 있나   11
    2. 지역 상인과 자영업자의 믿음은 어떻게 무너졌나   14
    3. 금융인가, 행정인가? 행안부 소속의 함정   16
    4. 예금자 보호제도의 착시 - 예금보험공사 vs 자체기금   18

2장. 종신 이사장제, 사금고화의 문을 열다   20
    5. 12년도 모자라 20년, 25년… 꼼수의 역사   20
    6. 이사장 선거의 불공정과 '바지이사장'   23
    7. 감사는 견제가 아니라 충성의 자리   25

3장. 감시 없는 조직, 감독 없는 권력   27
    8. 새마을금고 이사장의 특권과 폐해   27
    9. 중앙회-이사장의 유착구조   31
    10. 대의원 제도의 부패, 회원은 없다, 대의원만 있다   33

| 제2부 | 이들이 말하는 '눈 먼 돈'의 실체 | 37 |

4장. 전세사기와 PF대출, 그 시작은 '감정평가 장난' 39
   11. 인천 미추홀구의 건축왕과 새마을금고 39
   12. 감정평가 부풀리기의 구조적 공범 42
   13. PF의 늪과 전세사기의 공모 44

5장. 골프장·태양광·타임스스퀘어··· 막장의 투자 쇼 47
   14. 태양광 1조 투자, 회수율 35% 47
   15. 2조에 골프장 매입, 600억 뉴욕 손실 49
   16. 대체투자 '큰손' 된 새마을금고 – 무책임의 극치 51

6장. 머슴경영? 실상은 '상머슴 경영' 53
   17. 박차훈 사건의 전모 53
   18. 1540만원 불법선거와 전관예우 재판 56
   19. 금품수수, 황금도장, 가족투자 – 비리의 족보 58

| 제3부 | 보호받지 못한 돈들 | 61 |

7장. 예금자 보호는 착각이었다 63
   20. '금고 기금'이라는 거대한 허상 63
   21. 두세 금고면 막을 수 있지만, 10개 이상이면? 65
   22. 고금리 미끼에 끌려간 서민 예금 67

8장. 눈 먼 내 돈, 진짜로 못 돌려받는 날이 온다면 69
   23. 뱅크런과 부실금고, 그리고 그날의 재앙 69
   24. 5천만 원은 숫자일 뿐이다 71

목차 | CONTENTS

9장. 브릿지론, RP채권, 구조화 금융의 함정　　　　　73
　　25. 7조 환매조건부채권의 정체　　　　　　　　　73
　　26. 부실의 구조화 – 이익은 사적으로, 손해는 금고로　　75
　　27. 고위험·고수익이라는 꿀맛, 그리고 뒷맛　　　　77

10장. 사법부도 공범인가　　　　　　　　　　　　79
　　28. 재판거래와 전관예우, 그 실제 사례　　　　　　79
　　29. 검찰이 밝힌 박차훈의 죄목과 내부 공범들　　　81
　　30. 솜방망이 처벌이 부른 반복된 범죄　　　　　　84

제4부　이제 우리는 무엇을 할 것인가　　　　　87

11장. 제도개혁 – 이사장 종신제 폐지와 직선제 강화　89
　　31. 이사장 임기 제한의 실효성 확보　　　　　　　89
　　32. 대의원제 폐지, 감사 선출의 투명성 확보　　　92

12장. 감독개혁 – 금융감독원 이관을 위한 입법　　94
　　33. 행안부는 관리 불능　　　　　　　　　　　　94
　　34. 금융기관으로서의 정체성 회복　　　　　　　96
　　35. 200조 넘는 자산, 감시를 누가 할 것인가　　　98

13장. 금고개혁 – 1300개 금고를 243개로 통합하라　100
　　36. 조직 슬림화와 전문경영 체계 도입　　　　　　100
　　37. 대내예치금의 구조를 투명하게　　　　　　　102
　　38. 중앙회 집중구조 해체를 위한 로드맵　　　　　104

14장. 국민의 행동 – 나부터 바꾸는 시민 개혁　　　　106
　　39. 내가 다니는 금고를 점검하자　　　　106
　　40. 회원으로서의 권리와 참여　　　　108
　　41. 내부 고발과 시민감시단의 역할　　　　110

15장. 다시 금융의 신뢰로 – 대한민국 서민금융의 미래　　　　112
　　42. 진짜 서민금융이란 무엇인가　　　　112
　　43. 사금고에서 공적 금융기관으로　　　　114
　　44. 신뢰 회복의 조건들　　　　116
　　45. 시민운동과 정책 연대를 통한 실천　　　　119

부록　서민금융선진화시민연대 발표 문건 모음　　　　123

새마을금고
눈먼돈

제1부

눈 먼 돈은 어떻게 만들어지는가

1장

돈을 맡긴 사람은 있고, 지킬 사람은 없다

1절. 새마을금고는 누구의 돈을 맡고 있나

새마을금고는 서민금융기관이다. 그것도 가장 말단에 있는 동네 은행이다. '금고'라는 이름처럼 작고 소박한 금융기관으로 출발했지만, 오늘날 그 역할과 영향력은 상상을 초월한다. 전국 1300여 개에 달하는 단위 금고, 3천 개에 가까운 지점, 300조 원에 이르는 자산, 그리고 2300만 명에 달하는 고객. 대한민국 성인 중 거의 절반 가까이가 새마을금고와 직·간접적으로 연결돼 있다고 해도 과언이 아니다.

그렇다면 이 돈은 누구의 돈인가? 대기업 자금이 아니다. 글로벌 투자회사의 돈도 아니다. 거의 대부분은 식당을 하는 자영업자, 동네 마트를 운영하는 소상공인, 문구점과 철물점을 지키는 가족, 그리고 퇴직 후 몇 푼의 연금을 쪼개 노후를 준비하는 노년층의 돈이다. 새마을금고는 은행보다 1~2% 더 높은 예금 금리를 제공한다는 점, 그리고 1인당 5천만 원까지 예금자 보호가 된다는 인식 덕분에

서민들에게 오랜 시간 사랑받아 왔다.

하지만 지금 그 돈이 위태롭다. 더 정확히 말하자면, 맡긴 사람은 있는데, 지키는 사람은 없다는 현실이 서서히 드러나고 있다. 이 말은 단순한 경고가 아니다. 실제로 전국 곳곳에서 터지는 횡령, 배임, 투자 실패, 전세 사기 공모, PF대출 부실화 등의 사건들이 바로 그것을 입증하고 있다.

2025년 5월. 대한민국 금융권 역사상 가장 충격적인 뉴스가 전해졌다. 경기도 성남의 한 새마을금고에서 무려 1716억 원이라는 부당대출 사고가 터졌다. 5년간 87건. 개발업자와 금고 임직원, 법무사까지 공모해 서류를 조작하고, 깡통법인을 20개 넘게 만들어 동일인 대출 한도를 속여 대출을 일으켰다.

이 한 건의 사건 규모가 작년 전국 은행권 사고 총액(1898억)과 맞먹는다.

그 근본 원인은 무엇일까? 금융기관이라면 마땅히 갖추어야 할 감시와 감독 시스템이 사실상 무력화되어 있기 때문이다. 새마을금고는 일반 은행처럼 금융감독원 산하에 있지 않다. 행정안전부 소속이다. 이름부터 '금고'이기에 금융감독이 아닌 행정감독의 대상이 된 셈인데, 그 결과는 매우 치명적이다.

국민 대다수가 잘 모르는 사실이지만, 새마을금고의 예금자 보호 역시 일반 은행과는 다르다. 일반 은행은 예금보험공사가 보호한다. 이는 국가가 보증하는 체계다. 그러나 새마을금고는 중앙회가 자체적으로 운영하는 '공제 기금'으로 예금자를 보호한다. 즉, 민간 내부 기구에 불과한 중앙회가 수많은 서민 예금의 보호 책임을 지고 있는 것이다.

이 구조는 평시에는 잘 작동하는 듯 보인다. 실제로 하나, 둘 정도의 금고에서 문제가 생기면, 중앙회 기금으로 해결할 수 있다. 그러나 수십 곳의 금고에서 동시다발적으로 뱅크런 사태가 발생한다면, 중앙회 기금은 이를 감당할 수 없다. 이것이 바로 착시다.

많은 국민이 '새마을금고도 예금자 보호가 된다'는 말을 듣고 안심한다. 하지만 정작 그 보호 시스템이 얼마나 취약한지에 대해서는 모르고 있다. 이 책이 밝히려는 첫 번째 진실은 바로 이것이다. 새마을금고는 서민의 돈을 맡아 놓고도, 정작 그 돈을 지킬 수 있는 안전장치는 갖추고 있지 않다.

우리는 이 책을 통해 다음과 같은 질문을 던지고자 한다.

- 당신의 새마을금고 예금, 진짜 안전한가?
- 이사장과 임직원은 왜 횡령을 저지를 수 있었는가?
- 새마을금고는 왜 사금고화 되었는가?

이 모든 질문의 시작은 바로 여기서 출발한다. 돈은 맡겨졌지만, 그 돈을 지켜야 할 책임자는 어디에도 보이지 않는 현실에서.

2절. 지역 상인과 자영업자의 믿음은 어떻게 무너졌나

　새마을금고는 오랫동안 지역 상인들과 자영업자들의 금융 친구였다. 대형 시중은행의 높은 문턱과 비대면 중심의 냉랭한 분위기 속에서, 새마을금고는 골목 상권의 따뜻한 손길로 존재해 왔다. 시장통의 채소가게 주인, 학원 운영자, 동네 분식점 사장님, 노점에서 삶을 일구는 이들까지—이들은 새마을금고를 '우리 금고', '동네 은행'이라 불렀다.

　그러나 믿음은 한순간에 무너졌다. 시작은 잦은 금융 사고였다. 대출 담당 직원이 고객 예금을 횡령하거나, 이사장이 측근에게 부실 대출을 실행한 후 대출금의 일부를 돌려받는 식의 뒷돈 거래가 은밀히 이루어졌다. 특히 지역 자영업자들의 입에 오르내린 사건은 "100억 차명계좌 사건"이었다. 이 사건은 인천 산곡새마을금고에서 실명제 원칙을 무시한 채 한 사람의 100억 돈을 다수의 차명 계좌로 나눠 넣는 방식으로 이뤄졌다. 당시 금고의 실무 책임자는 징계를 피하려 사직서를 제출했고, 이후 버젓이 이사장 선거에 출마해 당선되었다. 이러한 일련의 과정은 자영업자들에게 '이 금고는 더 이상 믿을 수 없다'는 인식을 각인시켰다.

　전세사기 연루 사건 역시 큰 충격이었다. 특히 인천 미추홀구 지역에서 벌어진 이른바 '건축왕' 사기극이 그렇고, 산곡새마을금고가 서울 영등포 라프하우스 전세대출의 서류조작에 연루되었다는 사실은, 금고가 부동산 브로커와 결탁했을지도 모른다는 의심으로 번졌다. 피해자 중에는 금고의 오랜 고객도 포함돼 있었고,

"새마을금고라 믿고 전세 대출을 받았다가 인생이 무너졌다"는 증언이 이어졌다.

이러한 일들이 반복되면서 자영업자와 상인들 그리고 동네 가까운 고객들의 감정은 깊은 상실과 배신감으로 바뀌었다. 금고 앞에서는 대출이 중단된 것에 분노한 고객들의 항의 시위가 열렸고, 일부 금고에서는 뱅크런 사태 직전까지 갔던 사례도 존재한다. 2023년 상반기, 일부 금고는 실제로 인출이 몰리며 위기를 겪었다. 이는 단순한 금융사고를 넘어 지역 공동체의 경제 기반 자체를 위협하는 사태였다.

이제 자영업자들의 입에서는 이런 말이 나온다. "은행은 멀어도 믿을 수 있는데, 새마을금고는 가까워도 무섭다." 믿음은 가까움에서 비롯되었지만, 무너지는 데는 거리보다 시간이 더 짧았다. 그리고 이 무너진 신뢰는 아직 복구되지 않았다.

3절. 금융인가, 행정인가? 행안부 소속의 함정

새마을금고는 '금고(金庫)'라는 명칭을 갖고 있음에도, 사실상 대한민국의 금융 시스템 속에서 독특한 위치에 자리하고 있다. 은행도 아니고, 신용협동조합도 아닌, 일종의 지역조합 금융기관으로 출발한 새마을금고는 현재 전국 1280여 개의 단위금고와 이를 아우르는 중앙회, 그리고 그 위에 있는 감독기관으로서 행정안전부가 존재한다. 그러나 이 소속 구조가 오늘날 새마을금고가 겪는 비리와 부실의 온상이 되었다는 주장은 갈수록 설득력을 얻고 있다.

행정안전부는 말 그대로 '행정'을 관할하는 부처이다. '금융'의 전문성과 감독 권한은 금융위원회와 금융감독원에 있다. 그러나 새마을금고는 유일하게 금융기관 중에서 행안부 소속이다. 이는 새마을금고가 초기에 마을 단위의 자율조합, 즉 지역공동체의 금고로 출발했기 때문인데, 오늘날처럼 300조 원에 가까운 자산을 굴리는 대규모 상호금융기관으로 성장한 지금, 여전히 행안부의 손 아래에 있다는 것은 심각한 구조적 모순이다.

행안부는 금융 전문성이 없다. 예금자의 안전을 위해 금융기관에 요구되는 건전성 관리, 리스크 평가, 자금세탁 방지, 대출 심사 기준 등의 시스템을 구축하고 감독할 역량이 본질적으로 부족하다. 그 결과 새마을금고는 금고별로 제각각의 기준으로 운영되며, 대출 과정이나 자산 운용에서 필연적으로 허술한 감시 체계를 드러내고 있다. 특히 부동산PF, 대체투자 등 복잡한 금융상품에 투자하거나 지역 단위 금고에서 발생하는 횡령, 유용, 배임 등의 사건을 사전에 방지할 시스템이 없다는 점은 치명적인 결함이다.

금융감독원이 아닌 행안부가 소속이라는 점은 법적·제도적으로도 문제다. 예컨대 예금보험공사에 가입되지 않고 자체 중앙회 기금으로 예금자 보호를 한다는 점 역시 금융기관으로서 상식 밖의 구조이며, 이는 감독체계가 비금융적이라는 점과 맞닿아 있다. 예금자 보호의 신뢰성이 떨어지고, 예금자 스스로가 해당 금고의 위험 여부를 판단해야 하는 무책임한 구조가 형성되어 있다.

또한, 행안부 산하라는 구조는 정치적 통제나 관료주의의 폐단에도 노출된다. 금고 이사장의 종신제화, 지역 유착, 정치권의 개입 등은 모두 이러한 제도적 진공 상태에서 기인한 병폐다. 금융이라는 영역은 원칙과 숫자, 통계와 법률로 관리되어야 하지만, 새마을금고는 여전히 회의와 인맥, 대의원과 읍면동의 논리로 움직이고 있다. 결국, 오늘날의 반복되는 사고와 부실은 단지 몇몇 개인의 도덕성 문제를 넘어, 제도적 구조의 실패에서 비롯된 것이라 할 수 있다.

이제는 바꿔야 한다. 새마을금고가 진정한 의미의 '금융기관'이라면, 금융감독원이라는 정통 금융감독 기관 아래로 들어가야 한다. 감정과 인맥이 아닌 데이터와 책임이 우선되는 감독 체계로의 개편이 없다면, '눈 먼 돈'은 계속 눈 먼 채로 흘러다닐 수밖에 없다.

4절. 예금자 보호제도의 착시 – 예금보험공사 vs 자체기금

　대한민국 국민이라면 대부분 "예금자 보호"라는 말을 들으면 자연스럽게 예금보험공사를 떠올린다. 금융기관이 망하더라도 일정 금액까지는 예금자에게 돌려준다는 제도. 하지만 새마을금고에 대해서는 이 상식이 예외로 적용된다. 바로, 새마을금고는 예금보험공사에 가입돼 있지 않기 때문이다.

　새마을금고는 행정안전부 산하에 있는 특수한 조직으로, 이른바 "자체기금"을 통해 예금자 보호를 한다. 새마을금고중앙회가 별도의 예금사보호기금을 조성해 운영하며, 이는 일종의 공제회 방식으로 일부 금고의 파산에 대비하기 위한 기금이다. 문제는 이 기금의 실질적인 규모, 그리고 시스템 구조 자체에 근본적인 취약점이 존재한다는 데 있다.

　예를 들어, 전국에 1,280여 개 단위금고가 있고 그 중 한두 곳이 부실화되었을 경우에는 중앙회의 기금으로 충당이 가능할 수 있다. 하지만 만약 수십 개 단위금고가 동시에 뱅크런을 겪거나, 특정 지역 기반 금고들이 연쇄적으로 붕괴한다면 이 기금으로는 감당할 수 없다. 즉, 제도 설계 자체가 구조적 한계를 안고 있는 셈이다.

　더 큰 문제는 예금자들이 이러한 사실을 잘 모른다는 점이다. 금고 창구에서는 여전히 "1인당 5천만 원까지 예금자 보호가 됩니다"라는 설명이 버젓이 붙어 있다. 고객 입장에서는 은행이나 금고나 별 차이 없이 느껴지며, 똑같은 보호를 받을 수 있다고 착각하기 쉽다. 심지어 새마을금고의 예금금리가 1금융권보다 1~2% 더 높은 경우가 많기 때문에, 소액 예금자나 자영업자, 노년층은 더 큰 혜택을 기대하고 돈을 맡긴다. 하지만 만일 사고가 발생하면 되돌릴 수 없는 손해를 입게 된다.

또 하나의 착시는 바로 '중앙회가 보장하니 괜찮다'는 말이다. 그러나 중앙회도 기업이 아닌 일종의 연합체다. 즉, 개별 금고들이 낸 돈으로 운영되고 있으며, 중앙회 자체의 유동성 위기나 부실 투자가 겹치면 예금자 보호 기능은 사실상 작동 불능이 된다.

이러한 제도의 착시는 새마을금고의 사금고화 문제와 결합해 더 심각해지고 있다. 이사장 종신제와 내부 비리, 부적격 대출 등이 난무하는 구조 속에서, 고객의 돈은 '눈 먼 돈'으로 전락하고 있다. 예금자 보호제도라는 최후의 안전망조차 사실상 유명무실한 상황.

이제는 국민들이 정확히 인식해야 한다. 새마을금고의 예금은 예금보험공사가 보호하지 않는다. 정부가 법적 의무를 지고 있는 것도 아니다. 오직 중앙회 자체의 기금만이 유일한 버팀목이다. 하지만 그 기금은 유사시 전 국민을 지탱할 만큼 크지 않다. 다시 말해, '눈 먼 돈'이 될 가능성은 점점 커지고 있는 것이다.

이 장은 새마을금고 개혁의 핵심 논리 중 하나인 '제도적 구조의 허상'을 드러낸다. 그리고 우리 모두에게 묻는다. "그 돈, 정말 안전한가?"

2장

종신 이사장제, 사금고화의 문을 열다

5절. 12년도 모자라 20년, 25년… 꼼수의 역사

새마을금고법 제20조는 분명히 이사장의 임기를 4년으로 하고, 2차에 한하여 연임할 수 있도록 규정하고 있다. 이는 이사장이 장기 집권하면서 금고를 사유화하는 것을 방지하기 위한 최소한의 안전장치였다. 그러나 현실은 이 단순하고 명확한 규정조차 무력화되어 왔다. 규정을 피하기 위한 갖가지 '꼼수'가 판을 쳤고, 이사장 종신제가 새마을금고 곳곳에서 현실이 되었다.

대표적인 사례는 이른바 '꼼수합병'이다. 3연임의 임기 만료를 앞둔 이사장이 임기 종료 직전, 인근의 소규모 새마을금고와 통합을 추진한다. 그렇게 새 금고가 출범하면, 자신은 마치 새로운 조직의 신임 이사장인 양 다시 1차 임기를 시작한다. 기존 금고의 구성원이나 운영 경험을 그대로 가져간 채, 규정상으로만 새로운 법인처럼 포장하여 연임을 무한히 이어가는 방식이다. 이렇게 하여 20년, 25년 넘게 이사장 자리를 지키는 사례가 곳곳에서 나타나고 있다. 그 당사자가 바로 현 중앙회장 김인이다.

또 다른 수법은 '상근이사-이사장 순환제'이다. 한 이사장이 3연임을 마치고 물러나면, 자신의 측근이나 친인척을 바지이사장으로 앉히고 본인은 상근이사직으로 금고에 남는다. 상근이사로 재직하다가 바지 이사장이 건강이나 사정을 이유로 사퇴하면, 본인이 다시 이사장에 출마해 연임을 반복하는 것이다. 이것이 가능한 이유는 상근이사는 이사장과 별도의 직책으로 간주되기 때문에 연임 제한의 계산에서 빠지기 때문이다.

이러한 꼼수는 법률의 허점을 교묘히 파고들며 제도의 본질을 왜곡한다. 문제는 이사장의 장기 집권이 단순한 '경험의 연속성'이 아니라, 실질적인 사금고화로 이어진다는 점이다. 이사장은 자신과 가까운 사람들을 감사, 이사로 배치하고, 대의원 선출에도 영향을 미친다. 감사는 이사장의 비리를 눈감고, 대의원은 이사장의 의사를 그대로 반영해 주는 '거수기'로 전락한다.

그 결과, 금고의 인사, 예산, 대출 등 주요 사안이 투명성과 견제 없이 운영된다. 이사장의 장기 집권은 곧 부실 경영과 비리의 온상이 되는 것이다. 실제로 장기 집권 이사장이 있는 금고일수록 횡령, 유용, 차명계좌 개설 등 금융사고 발생 빈도가 높다는 통계도 존재한다.

새마을금고의 이사장은 지역 사회에서 막강한 영향력을 행사한다. 수천 명의 회원이 가입된 금고는 지역 정계, 상공계, 언론과도 깊이 얽혀 있다. 장기 집권은 곧 '지역권력'의 구축으로 이어지며, 금고는 공공성이 아니라 사적 이해관계의 도구가 된다. 이 모든 문제의 출발점이 바로 '12년도 모자라 20년, 25년'을 가능하게 만든 꼼수의 역사다.

이제는 그 악순환의 고리를 끊어야 할 때다. 단순한 법 조항이 아니라, 제도의 본래 취지를 되살릴 수 있는 강력한 제도 개선과 감시체계가 필요하다. 종신 이사장제의 종식 없이는 새마을금고 개혁도, 서민금융의 미래도 없다.

6절. 이사장 선거의 불공정과 '바지이사장'

새마을금고의 가장 심각한 구조적 문제 중 하나는 이사장 선거의 공정성이 철저히 무너졌다는 점이다. 대의원 선출제라는 간접민주주의적 방식을 채택하고 있음에도 불구하고, 실제로는 이사장이 대의원을 장악하고, 그 대의원이 다시 이사장을 뽑는 구조가 반복되면서 악순환의 고리가 형성되었다.

대의원은 본래 회원의 의견을 대변하는 기구로 설계되었지만, 현실에서는 이사장의 선거운동 도구로 전락했다. 많은 새마을금고에서 이사장은 자신의 재임 기간 동안 대의원으로 충성도 높은 회원들을 선출하고, 이들 대의원이 차기 선거에서도 이사장을 재선출하는 구조를 고착시킨다. 그 결과, 이사장은 마치 지역 군왕처럼 자리를 독점하게 되고, '종신 이사장'이라는 비판을 자초하게 된다.

이 과정에서 등장하는 수법이 이른바 '바지이사장'이다. 현행법상 이사장은 3연임까지만 가능해 12년 이상 연임할 수 없다. 그러나 법의 허점을 악용해, 이사장직을 잠시 다른 인물에게 넘기고 자신은 상근이사 또는 감사로 이름을 올린다. 형식상 이사장직에서 물러난 것처럼 보이지만 실질적으로 금고 운영을 계속 장악한다. 바지이사장은 오로지 실세 이사장의 통치 유지를 위한 '얼굴마담'일 뿐이며, 회원 대의원들이 실질적 권한자가 누구인지 모를 리 없다.

이러한 꼼수는 법의 취지를 정면으로 거스르는 행위다. 더 나아가 지역금고의 민주주의를 파괴하고, 견제와 균형이 사라진 조직으로 전락하게 만든다. 실제로 일부 금고에서는 이사장이 3연임 후

퇴임하고 1~2년 뒤 다시 이사장직에 복귀하는 일이 빈번하게 벌어졌다. 이른바 '돌려막기 선거'가 구조적으로 가능하게 된 것이다.

이 같은 불공정 선거 구조는 필연적으로 부정부패로 이어진다. 선거에서 이기기 위해 향응, 금품, 가족 채용, 각종 편의 제공 등이 암암리에 이뤄지고, 이사장은 자신의 재임을 위해 금고의 인사와 재정을 무기로 삼는다. 일선 회원은 이러한 구조 속에서 목소리를 잃고, 실질적인 의사결정에서 배제된다.

공정한 선거는 민주적 운영의 출발점이며, 이를 지키지 못한 새마을금고는 그 정당성을 스스로 훼손하고 있다. 종신 이사장을 막기 위한 제도 개혁과 함께, 바지이사장이라는 편법적 제도를 철폐하고, 감사와 이사도 모두 회원이 직접 선출하는 직선제로 전환하는 것이 시급하다. 그래야만 새마을금고는 다시 서민금융기관으로서 신뢰를 회복할 수 있다.

7절. 감사는 견제가 아니라 충성의 자리

　새마을금고는 감사제도를 두고 있음에도 불구하고 그 제도가 제 기능을 하지 못하고 있다는 비판을 받고 있다. 특히 문제는 '감사'라는 직책이 본래 갖는 감시와 견제의 기능보다는, 이사장에 대한 '충성의 자리'로 전락했다는 데 있다. 감사의 역할이 사라지면 금고 운영의 투명성은 물론, 회원 권익 보호의 최후 보루도 무너진다.

　우선, 새마을금고의 감사는 선출 과정부터 구조적으로 독립성을 확보하기 어렵다. 현행 제도 하에서는 감사 역시 대의원 총회를 통해 간접적으로 선출되는데, 이 대의원 다수가 이사장에 의해 사실상 좌우되는 구조다. 이사장이 이미 대의원 구성에 막강한 영향력을 미친 상황에서, 그 대의원들이 선출하는 감사는 자연히 이사장에게 충성할 가능성이 높다. 결국 견제의 기능은 형식에 그치고, 감시는커녕 동조의 역할을 수행하게 된다.

　실제 사례에서도 이러한 구조적 문제가 드러난다. 일부 금고에서는 이사장이 자신의 측근을 감사로 앉히기 위해 대의원들을 사적으로 접촉하거나, 선거 전 감사 후보를 사실상 지명하는 경우도 있었다. 심지어 감사가 이사장의 업무집행을 감시하고 시정요구를 하기보다, 오히려 회원들의 불만을 무마하고 내부 제보자를 색출하는 역할을 한 사례도 있다. 이는 감사제도의 근본 취지에 정면으로 반하는 일이다.

　또한, 감사직은 종종 이사장 진영의 예비후보 자리로 활용되기도 한다. 이사장의 장기 집권을 위해 일정 기간 측근을 감사로 배치하고, 다음 이사장 선거에서 자연스럽게 바통을 넘기는 방식이다. 이렇게 되면 감사는 사실상 이사장의 후계자 수업의 장이 되고, 그동안 금고 내부에서의 잘못된 관행이나 부실을 감추는 데만 열중하게 된다.

이러한 감사제도의 왜곡은 새마을금고 내부 견제 시스템의 붕괴를 초래하며, 결국 사금고화를 가속화시킨다. 감사는 이사장의 대척점에서 독립성과 전문성을 바탕으로 감시하는 구조여야 한다. 이를 위해서는 감사 선출 방식의 개혁이 필요하며, 대의원 간선제를 넘어서 회원 직선제 도입도 논의될 필요가 있다. 감사의 자격 요건 강화, 임기 중 외부 감사를 통한 평가체계 마련 등 다층적 방어장치가 요구된다.

감사는 금고 내부의 파수꾼이어야 한다. 그러나 현재의 새마을금고 감사제도는 이사장의 경호원이 되었고, 회원의 눈과 귀를 막는 방패로 전락하고 있다. 이러한 왜곡을 바로잡지 않으면, 아무리 겉으로 투명성을 외쳐도 금고의 신뢰는 무너질 수밖에 없다.

3장

감시 없는 조직, 감독 없는 권력

8절. '신이 내린 직업'의 실체 – 새마을금고 이사장의 특권과 폐해

"정년도 없고 연봉은 1억 원, 채용도 깜깜이". 전국 1,288개 새마을금고의 이사장식은 흔히 '신이 내린 일자리'라 불린다. 실제로 자산 6조 원에 달하는 금고도 있으며, 이사장은 그 전권을 휘두른다. 대출을 최종 승인하고, 직원 인사권까지 좌우하며, 그 금고에 맡긴 고객조차 그가 누구인지 알기 힘들다. 놀랍게도 재임기간조차 공시되지 않으며, 중앙회조차 "개인 정보"라며 그 정보를 공개하지 않는다. 이 모든 것이 감시 없는 권력, 무책임한 시스템이 만든 결과다.

1. 정치인의 피난처, 정치판의 전초기지

분석에 따르면 이사장의 9.1%는 시·군·구 의원 등 정치 경력을 가진 인물들이다. 이들은 지역 표밭을 다진 뒤, 새마을금고 이사장이라는 "고연봉, 무정년"의 자리를 꿰찼다. 연봉은 평균 1억 1,300만 원. 기초의원의 갑절, 광역의원의 두 배에 달한다. 정치권에서 밀려난 이들이 금고로 돌아오고, 다시 정치권으로 진입하는 사례도 허다하다. "새마을금고법에 따라 정치 관여는 금지되어 있다"는 원칙은 유명무실하다. 심지어 중앙회 이사 선출이나 대의원 선거조차 정치적 줄서기와 금권선거의 냄새를 지우지 못한다.

2. 금융 문외한의 고삐 없는 경영

전문성이 부족한 것도 큰 문제다. 금융기관이나 공공금융 경력자가 이사장에 오르는 경우는 극소수에 불과하며, 대부분은 해당 금고 출신 직원이거나 지역 유지(건설업, 요식업 등) 출신이다. 내부에서만 돌고 도는 인사 구조 속에서 부실 대출, 리스크 관리 부재, 금고 자산의 사유화 같은 일이 반복된다. 광명 새마을금고의 이사장은 30년간 근무한 직원 출신으로, 수백억 대의 부당 대출 지시로 징역 9년을 선고받았다.

3. '직선제 도입'이 바꾼 것은 무엇이었나

2025년 3월 5일, 새마을금고 역사상 처음으로 직선제 이사장 선거가 전국적으로 시행되었다. 이는 기존 간선제에서 반복되던 금품수수, 내부 담합, 깜깜이 선출 구조를 타파하고자 도입된 '직접 민주주의'의 실험이었다. 그러나 기대와 달리 이 첫 번째 직선제는 제도적 결함과 실효성 부족을 그대로 노출했다.

전국 1276개 금고 중 1101개 금고에서 이사장 선거가 치러졌지만, 전체 투표율은 고작 25.7%에 불과했다. 특히 경기도와 인천광역시는 각각 16.2%, 19.4%라는 참담한 저조율을 기록했다. 반면 제주도는 63.2%의 높은 참여율을 보였으나 이는 소수 사례에 그쳤다.

더 심각한 문제는 전체 금고의 약 70%에 해당하는 743곳에서 단독 후보가 출마해 무투표 당선이 이루어졌다는 점이다. 실질적인 선거는 치러지지 않았고, 기존 이사장이 아무런 경쟁도 없이 유임되는 사례가 속출했다. 강원도에서는 51개 금고 중 39개가 무투표로 끝났고, 나머지 12곳도 대부분 현직 이사장이 재당선되었다. 경인지역 역시 143개 금고 중 93곳에서 현직이 다시 뽑혔다.

이처럼 형식만 바뀐 '직선제'는 결과적으로 기존 권력구조의 재확인이 되었을 뿐, 리더십 교체나 세대교체라는 변화는 거의 없었다. 제도는 바뀌었지만 현실은 전혀 바뀌지 않은 것이다.

이는 출마 자격 요건이 과도하게 높았던 점도 한몫했다. 현행 새마을금고법은 이사장 출마를 위해 △금고 상근 임원 4년, △금고 임원 6년, △중앙회·금고 상근직 10년, △금융 관련 공무원 10년 등 지나치게 경직된 조건을 요구한다. 결국 신규 진입은 사실상 봉쇄되고, '이사장의 이사장을 위한 선거'가 되어버렸다.

게다가 선거 과정에서 금품 제공 및 불법 선거운동 등의 위법 사례도 24건 적발되었다. 그 중 10건은 고발로 이어졌고, 12건은 경고 조치에 그쳤다. 부정 방지 목적의 직선제가 오히려 또 다른 형태의 불법을 양산할 수 있음을 보여준 대목이다.

무엇보다 선거가 평일에 치러졌고, 유권자인 회원들은 선거 자체에 무관심하거나 정보를 접할 기회가 적어, 정당한 판단을 하기 어려웠다. 전국 175만 회원 중 실제 투표자는 45만 명에 그쳤다.

직선제는 민주적 참여의 출발점일 수는 있다. 그러나 그것이 형식에만 그칠 경우, 구체제에 '정당성의 옷'을 입혀주는 역할로 전락하게 된다. 첫 직선제가 보여준 이사장 선거는 바로 그 위험성을 고스란히 증명했다.

변화는 제도만이 아니라 사람과 구조의 혁신에서 비롯되어야 한다. 새마을금고는 여전히 그 문 앞에서 멈춰 서 있다.

9절. 중앙회-이사장의 유착구조

새마을금고 중앙회는 전국 1,280여 개의 단위 새마을금고로부터 대내예치금이라는 이름으로 자금을 흡수하고, 이를 통합 운용하는 막강한 권력을 가진 조직이다. 중앙회장은 이 엄청난 자금력을 바탕으로 단위 금고 이사장들을 통제하고 관리한다. 하지만 이 구조는 철저한 견제와 감시 없이 작동하면서, 부패의 온상이 되어왔다.

중앙회는 단위 금고의 이사장들로부터 선출되는 구조다. 중앙회장을 뽑는 유권자는 곧 단위 금고의 이사장들이라는 뜻이다. 이러한 구조는 본질적으로 중앙회장이 자신의 권력을 유지하기 위해 단위 금고 이사장들의 비위를 맞추고, 때로는 그들의 비리를 묵인하거나 덮는 데까지 나아가게 만든다. 그 결과, 중앙회장은 이사장들의 연임과 종신제 관행을 방치하고, 심지어 지원하기도 한다.

중앙회는 매년 수천억 원의 예산을 운용하며, 그 집행과정에서 단위 금고 이사장들의 협조가 필수적이다. 이를 위해 중앙회는 이사장 자녀 채용, 감사 선거 개입, 연수 프로그램과 포상여행 제공 등 다양한 방식으로 이사장들을 회유하거나 포섭한다. 실제로 한 지역 금고 이사장의 자녀가 중앙회 산하 복지회에 특별채용된 사례는 언론 보도를 통해 드러난 바 있다.

이사장들이 중앙회장 선거의 유권자이자, 중앙회 재징과 행정 운영의 수혜자이기 때문에 중앙회장은 그들의 눈치를 볼 수밖에 없다. 다시 말해, 견제받아야 할 중앙회장이 오히려 이사장들에게 충성하는 구조가 형성된 것이다. 이로 인해 중앙회는 단위 금고의 부실 운영을 효과적으로 감시하지 못하며, 각종 사고가 발생해도 솜방망이 처벌로 일관하게 된다.

또한 중앙회 내부에도 이사장 출신 인사들이 대거 포진해 있어, 내부 감시 기능은 더욱 마비된다. 이사장이 중앙회 임원으로, 다시 지역 금고로 복귀해 또다시 이사장이 되는 순환 구조 속에서 부패와 유착은 더욱 강화된다. 실제로 일부 금고에서는 20년 넘게 이사장을 역임한 인사가 중앙회 이사를 지낸 후 금고로 복귀해 또다시 이사장이 되는 사례가 발생하고 있다.

이러한 유착 구조는 새마을금고 전체의 도덕적 해이와 구조적 무책임을 낳고 있으며, 궁극적으로는 고객의 예금을 담보로 하는 서민금융의 신뢰를 갉아먹고 있다. 중앙회와 단위 금고 이사장 간의 유착을 끊지 않는 한, 어떤 개혁도 공염불에 그칠 것이다. 견제 없는 권력은 반드시 타락한다는 교훈을, 우리는 새마을금고의 현실에서 되새겨야 한다.

10절. 대의원 제도의 부패 – 회원은 없다, 대의원만 있다

새마을금고의 가장 뿌리 깊은 병폐 중 하나는 바로 대의원 제도이다. 이는 회원이 금고의 주인이라며 민주적 운영을 표방하는 새마을금고의 명분을 무너뜨리는 대표적 기만이다. 표면적으로는 지역주민 누구나 회원이 될 수 있고, 회원이 주체가 되어 금고 운영을 결정한다는 구조이지만, 실제로는 1000명, 2000명씩 되는 회원 중 극히 일부인 100~150명 내외의 대의원이 금고의 운영권을 쥐고 있다. 그리고 그 대의원 선출과정은 대부분 이사장의 손아귀 안에 있다.

대의원 제도는 본래 전체 회원의 뜻을 간접적으로 반영하자는 취지에서 시작되었지만, 현실에서는 이사장의 사조직화된 대의원단을 만들고 유지하는 수단으로 전락했다. 심지어 특정 대의원은 10년 넘게 연속 재선출되어, 사실상 이사장과의 유착관계 속에서 금고 경영을 견제하기는커녕 묵인·비호하는 역할을 해왔다. 더 큰 문제는 이러한 구조를 통해 이사장이 감사를 선출하고, 이사와 직원 인사에도 깊숙이 개입함으로써 금고를 실질적으로 '이사장 1인 체제'로 만들어버린다는 것이다.

이사장 입장에서는 대의원만 장악하면 모든 것이 가능해진다. 직원 채용, 감사 선출, 예산 편성, 심지어 자신의 3연임 추진이나, 그 이후 상근이사로의 전환 등 모든 시나리오를 통과시킬 수 있는 '거수기 대의원단'을 만들면 끝이다. 이 과정에서 회원 다수는 배제된다. 총회에서 발언권조차 없는 일반 회원들은 금고의 주인이라는 허울

좋은 명칭만 지닌 채, 실질적 의사결정에서 철저히 소외되고 있다.

인천 부평구에 위치한 산곡새마을금고는 새마을금고 사금고화의 전형적 사례로 꼽히기에 부족함이 없다.

이 금고는 영등포 라프하우스에 불법 사기 대출을 실행해 다수의 전세 피해자를 발생시킨 전력이 있다. 더 심각한 것은 이 금고가 100억 원에 달하는 거액을 차명 계좌로 분산 예치하는 방식으로 금융실명제와 조세법을 위반한 사실이다. 당시 책임자는 징계를 피하려 자진 사직했고, 얼마 지나지 않아 다시 이사장에 출마하여 당선되었다. 중앙회는 출마 자격에 문제가 있다고 판단했지만, 제재는 무용지물이었다. 이 금고는 또 선거운동 과정에서 각서를 주고 받는 파동도 있었다. 금고 대의원 한 사람이 금고비리를 검찰에 고발하자 당시 이사장은 고발인에게 2천만원을 주고 차기 불출마 각서를 쓰고 합의한 내용이다. 그럼에도 불구하고 이를 어기고 다시 출마하여 당선됐다.

또한 감사 선거에서는 '1인 2표제'를 도입해, 이사장을 견제하려는 감사 후보를 떨어뜨렸다는 의혹이 제기됐다. 사실상 이사장에 대한 견제 장치가 작동하지 않도록 선거 구조 자체를 설계한 것이다.

이러한 일련의 행태는 '이사장 3연임 + 상근이사 후 재출마'라는 방식으로 사실상 종신 이사장직을 확보하려는 의도와 결합해, 지역 새마을금고가 개인 사금고로 전락하는 현실을 보여준다. 산곡새마을금고는 그 전형이다.

이러한 구조는 비리와 부패를 눈감게 만드는 악순환의 고리를 형성한다. 이사장의 독단적 결정이 불러오는 부실대출, 횡령, 배임 등의 문제에도 대의원단은 침묵한다. 회원이 문제를 제기해도 받아들여지지 않으며, 때로는 문제제기한 회원이 역으로 불이익을 받는 구조가 정착돼 있다.

따라서 새마을금고 개혁의 핵심은 대의원 제도의 폐지 또는 전면 개편에 있다. 최소한 감사와 이사, 이사장의 선출은 전체 회원이 직접 참여하는 직선제로 바뀌어야 한다. '회원의 돈을 회원이 지킨다'는 민주금융의 가장 기본적인 원리가 실현되기 위해서다. 지금처럼 '회원은 없고, 대의원만 있는' 새마을금고는 더 이상 국민의 신뢰를 얻지 못한다. 민주주의의 탈을 쓴 내부 카르텔 구조를 해체하지 않으면, 새마을금고는 결국 스스로 무너지고 말 것이다.

제2부

이들이 말하는
'눈 먼 돈'의 실체

4장

전세사기와 PF대출, 그 시작은 '감정평가 장난'

11절. 인천 미추홀구의 건축왕과 새마을금고

전국에 전세사기 피해가 속출한 가운데, 그 심각성과 구조적 기원을 가장 적나라하게 보여준 사례는 인천 미추홀구에서 벌어진 '건축왕 사기 사건'이다. 수백 채의 빌라와 나홀로 아파트를 일괄 매입하고 허위 임대차 계약을 통해 보증금을 편취한 일당의 대범한 사기극은 단순한 일탈이 아닌, 지역 상호금융기관 특히 새마을금고와의 구조적 공모 없이는 불가능한 일이었다.

미추홀구는 신축이 드문 구도심으로, 청년층과 신혼부부의 수요가 높은 지역이다. 건축왕이라 불린 남씨는 이 지역에 대규모의 빌라와 소형 공동주택을 집중 매입해, 겉보기에는 신축처럼 보이는 주택에 허위로 임대인과 임차인을 세워 전세보증금을 받아 챙겼다. 이 과정에서 그가 이용한 금융기관은 대부분 지역 새마을금고였다.

이 사건의 핵심은 감정평가 장난이다. 시세가 불분명한 신축 빌라나 나홀로 아파트는 감정평가에 따라 담보가치가 정해지는데, 이 감정평가가 고의적으로 부풀려졌다. 실제 거래되는 시세는 1억이 채 되지 않음에도 불구하고, 감정가를 1억 5천만원 이상으로 책정하고 이 금액을 기준으로 대출이 실행되었다. 이른바 '깡통전세'가 된 것이다. 새마을금고는 이러한 담보를 근거로 수억원의 대출을 승인했고, 피해자들의 전세보증금은 건축왕과 그 공범들의 손에 들어갔다.

더 충격적인 것은 이 대출 구조에 새마을금고의 실무자들, 심지어 이사장까지 관여했다는 점이다. 담보감정의 부풀리기를 방조하거나 지시하고, 대출심사 과정을 생략하거나 허술하게 처리했으며, 사전에 정해진 특정 감정평가법인과의 유착까지 있었다는 의혹이 제기되었다. 수사 결과 상당수의 대출이 동일한 패턴으로 실행되었고, 새마을금고는 이러한 패턴을 인지하고 있었음에도 중단하지 않았다.

2023년 인천시의 조사에 따르면, 미추홀구에 집중된 전세사기 피해 건물 수는 2,484채에 달했고, 피해액은 2천억 원을 넘는 것으로 집계되었다. 이 가운데 대부분의 대출이 새마을금고를 포함한 상호금융기관에서 집행되었으며, 부실채권화된 후 대부업체로 넘어간 경우도 적지 않았다. 이 과정에서 일부 금고는 감사평가에서 최하위 등급을 받고 사실상 파산 위기에 내몰리기도 했다.

새마을금고는 왜 이러한 범죄적 구조에 가담했을까? 대출을 통해 단기 수익을 올리고, 금고별 실적을 부풀리기 위한 조작이 있었기 때문이다. 특히 이사장의 권한이 절대적인 구조에서 실무자는 목소리를 내기 어려웠고, 감시 기능이 마비된 상태였다. 일부 금고에서는 대출 브로커와 공모해 리베이트를 받았다는 정황도 드러났다.

이 사건은 단순히 범죄자의 일탈로만 볼 수 없다. 새마을금고의 느슨한 내부통제, 대의원제에 기반한 이사장 종신제, 행안부라는 비전문 감독체계가 만든 구조적 부패가 빚어낸 참사다. 전세사기라는 민생의 파괴는 곧 '눈 먼 돈'이 눈 뜨고 날아간 결과이며, 지역 새마을금고가 그 통로가 되었다는 점에서 우리는 이 사건을 결코 가볍게 넘겨서는 안 된다.

12절. 감정평가 부풀리기의 구조적 공범

　인천 미추홀구의 전세사기 사건을 계기로 드러난 것은 단지 한 명의 '건축왕'이나 일당의 범죄 행각이 아니었다. 그것은 대한민국의 금융구조 속에 내재된 구조적 허점이자 공모의 결과였다. 특히 지역 상호금융기관인 새마을금고가 전세사기에 깊이 연루되면서, '감정평가 부풀리기'라는 구조적 공범의 실체가 낱낱이 드러나고 있다.

　전세사기 범죄는 대부분 신축 빌라나 오피스텔을 중심으로 이루어진다. 이들 주택은 시세 정보가 불투명하며, 시세 형성을 위한 '거래 비교 사례'가 부족하다. 이를 악용한 이들이 감정평가사를 섭외하거나 거래사례를 조작하여 실거래가보다 높은 감정평가액을 만들고, 이를 바탕으로 과도한 대출을 실행하게 한 것이다.

　문제는 이 대출이 대부분 새마을금고를 비롯한 상호금융기관에서 이루어졌다는 데 있다. 지역 단위 새마을금고는 감정평가에 의존해 대출 실행 여부와 금액을 결정하는 경우가 많고, 감정가가 높으면 그만큼 대출 한도도 높아진다. 건축왕 일당은 이를 이용해 동일 담보물에 대해 여러 금융기관에서 중복 또는 과도하게 대출을 받았다.

　이 과정에서 새마을금고는 그저 속은 피해자가 아니라, 오히려 '눈 먼 돈'을 만드는 구조적 공범이었다. 감정평가서가 비정상적으로 높다는 것을 인지할 수 있는 능력과 책임이 있었음에도 불구하고, 내부 검토나 감시 기제를 작동시키지 않았다. 오히려 해당 지역 금고의 이사장이나 실무책임자가 외부 브로커와 공모한 사례도 드러나고 있다.

특히 대출 실행 과정에서 필요한 내부 심사나 여신 심의 절차는 형식에 그쳤다. 일부 금고는 동일 담보물에 대해 다수의 감정평가서를 받아 가장 높은 금액을 채택하거나, 감정평가업체를 특정 업체로 지정하여 의도적으로 높은 평가를 유도하기도 했다.

이처럼 새마을금고의 감정평가 부풀리기는 '회원 자산의 보호'라는 본래 목적에서 벗어나, 오히려 부실대출과 전세사기의 온상이 되어왔다. 금고 내부의 느슨한 통제, 중앙회의 무책임한 감독, 행안부의 실질적 무관심이 결합되면서 이 구조는 반복되고 있으며, 그 피해는 고스란히 서민들의 몫으로 전가되고 있다.

이제 우리는 단순히 개인의 일탈로 이 문제를 축소해서는 안 된다. 감정평가 부풀리기는 새마을금고 구조의 결함, 즉 사금고화와 종신이사장제, 그리고 중앙회-지역금고 간의 책임 회피 시스템이 만들어낸 '제도적 공모'의 결과다. 이 구조적 공범 관계를 해체하지 않고는 제2, 제3의 전세사기는 막을 수 없다.

13절. PF의 늪과 전세사기의 공모

　전세사기 대출의 원조로 불리는 인천 부평 산곡새마을금고를 말하지 않을 수 없다. 관내도 아닌 서울 영등포의 라프하우스 전세보증금을 담보로 한 사기 대출 사건이야말로 전세사기 대출의 원조 격이다.

　대구 사례도 있다. 네이버 뉴스의 댓글은 새마을금고가 얼마나 큰 잘못을 했는지 절감할 수 있다.

　"다인건설 특검 좀 제발 해주세요. 신탁사와 중도금 대출이 어떻게 일어나서 애꿎은 전국 5000세대가 이자만 갚다가 죽게 생겼습니다."

　2023년 3월 대구에서 발생한 다인건설 부도로 건축중인 아파트 공사가 중단된 데 따른 기사가 쏟아졌다. 최근인 2025년 4월 후속기사가 나오자 이에 대해 한 네티즌이 자신들의 피해상황을 댓글로 표현하기에 이른 것이다.

　서민의 금고라던 새마을금고가 서민들의 피눈물을 자아내는 장면이다.

　인천 미추홀구의 이른바 '건축왕' 사건은 단순한 사기사건이 아니었다. 그것은 부동산 개발이라는 명목으로 자행된 조직적 금융사기의 교과서였고, 그 한복판에 새마을금고가 있었다. PF(Project Financing: 프로젝트 파이낸싱)는 원래 대규모 개발사업에 자금을 공급하기 위한 정상적인 금융 수단이다. 하지만 새마을금고를 포함한 일부 상호금융기관은 이 제도를 전세사기범들과의 공모 속에서 왜곡된 방식으로 사용하였다.

PF는 미래의 개발이익을 담보로 현재의 자금을 조달하는 방식이다. 따라서 위험도 높고, 그만큼 철저한 감시와 리스크 관리가 필요하다. 하지만 지역 단위 새마을금고들은 '눈 먼 돈'을 굴리듯 PF 자금을 마구 풀었다. 감정평가서 한 장, 설계도면 하나만 믿고 수십억에서 수백억까지의 대출을 내주었다. 그 결과 인천 미추홀구에는 시세 2억 원도 안 되는 다세대주택에 2.7억~3억 원의 전세보증금이 형성되고, 그 돈은 고스란히 사기범과 브로커, 그리고 일부 금고 실무자의 뒷주머니로 흘러갔다.

이 과정에서 새마을금고는 단순한 피해자가 아니었다. 전세보증금이라는 자금줄이 공급되면 그것을 담보로 PF대출이 실행되었고, 그 돈으로 또 다른 건물을 짓고 다시 전세를 놓는 방식의 돌려막기 사기 구조가 형성되었다. 그 구조의 핵심에 상호금융기관, 특히 새마을금고가 존재했다. 실제로 인천 지역의 전세사기 피해자의 다수는 새마을금고로부터 자금을 대출받은 건축업자들이 지은 빌라에 입주한 상태였으며, 해당 금고들은 대출금 회수가 불가능해지자 부실채권을 대부업체에 넘기거나 손실처리했다.

여기서 주목할 것은 이 모든 사기 구조가 '상호금융기관'이라는 이름 아래, 실질적인 금융감독 사각지대에서 벌어졌다는 사실이다. 금융감독원은 새마을금고를 감독하지 않으며, 행정안전부는 PF 구조에 대한 전문성도, 감시능력도 없다. 이런 환경 속에서 새마을금고는 사실상 무법지대의 금융기관처럼 행동했고, 이로 인해 전세사기의 공범으로 전락했다.

PF의 늪은 단순한 투자 실패의 결과가 아니다. 그것은 제도적 허점과 이사장 종신제, 지역금고의 사금고화가 만들어낸 구조적 금융 비리의 표본이다. 이대로 방치할 경우, 제2의 미추홀구, 제3의 전세사기 '건축왕'이 전국 곳곳에서 재현될 수밖에 없다. 새마을금고 개혁은 단순한 조직 쇄신이 아니라, 대한민국 서민금융의 생존을 위한 절박한 과제다.

5장

골프장·태양광·타임스스퀘어…
막장의 투자 쇼

14절. 태양광 1조 투자, 회수율 35% – 명분과 현실 사이의 붕괴

새마을금고 중앙회는 '친환경'이라는 대의명분을 내세워 2018년부터 2021년까지 태양광 발전시설에 약 1조6160억원을 투자했다. 이 투자는 당시 정부의 재생에너지 확대 정책 기조와도 궤를 같이하며, 겉으로는 ESG 경영을 선도하는 듯한 모습을 연출했다. 그러나 이 거대한 투자 프로젝트는 결과적으로 철저히 실패로 돌아갔다. 회수하지 못한 금액만 무려 1조436억원에 달하며, 회수율은 고작 35% 수준에 머물렀다. 이는 사실상 대부분의 자금을 날린 것이나 다름없다.

투자의 명분은 분명했다. 탄소 중립, 지속가능 발전, ESG 등 세계적인 흐름에 맞춰 친환경 에너지 산업에 자금을 공급하는 것은 시대정신에 부합해 보였다. 그러나 새마을금고는 금융기관이지 정책 집행 기관이 아니다. 더욱이 금융감독원의 통제를 받지 않고 있는 새마을금고는 리스크 평가와 회수 가능성 검토, 투자 검증

체계가 극히 미흡한 상태에서 이러한 대규모 투자를 단행했다. 문제는 이 사업들이 지방 소규모 태양광 발전업자들과의 유착 구조, 부실 시공, 허위 실적 제출 등의 온상으로 변질되었다는 점이다.

특히 새마을금고의 일부 간부와 투자 브로커 간의 유착 의혹이 언론을 통해 보도되기도 했다. 일부 프로젝트는 착공조차 되지 않았고, 일부는 발전 수익이 전혀 나지 않는 곳도 있었다. 하지만 중앙회는 제대로 된 감사를 시행하지 않았고, 손실 규모가 커지자 이를 축소 은폐하려는 시도마저 감지됐다.

이 사건은 단순한 투자 실패가 아니다. 이는 사익 추구를 위한 명분 뒤에 숨어 방만하게 자금을 운용하고, 금융기관으로서 가장 기본적인 원칙인 자산보전과 책임성을 망각한 결과다. "눈 먼 돈"이란 표현은 단지 비유적 언어가 아니라, 실재하는 구조적 범죄의 현장을 가리키는 정확한 묘사이다.

지금이라도 이 태양광 투자와 관련된 전 과정을 전수조사하고, 책임자를 엄중히 문책해야 한다. 회수율 35%라는 숫자는 단순한 경제적 수치가 아니라, 새마을금고를 믿고 돈을 맡긴 서민들에게 돌아온 배신의 깊이를 상징한다.

15절. 2조에 골프장 매입, 600억 뉴욕 손실

　새마을금고중앙회는 대한민국의 대표적인 서민금융기관임에도 불구하고, 지난 수년간 그 누구보다도 과감하고도 무모한 투자를 강행해 왔다. 특히 골프장과 해외 부동산, 대체자산에 대한 투자에서 이른바 "막장의 투자쇼"라는 비판이 제기될 정도로 이해할 수 없는 의사결정이 이어졌다. 그 중에서도 단연 충격적인 것은 2조 원 규모의 골프장 인수 사례와 미국 뉴욕 타임스스퀘어 빌딩 투자에서의 600억 원 손실이다.

1. 2조에 골프장 인수?

　새마을금고는 한때 골프장 인수에 혈안이 되어 있었다. 대표적인 사례는 골프용품 브랜드 테일러메이드를 보유한 사우스스프링스 컨트리클럽(경기 이천)을 2조 원에 인수한 건이다. 문제는 이 거래의 적정성이다. 불과 4년 전인 2017년, 같은 업체를 대상으로 한 인수시도는 4천억 원 선에서 무산됐던 것이다. 그런데 불과 몇 년 사이, 그것도 코로나로 인해 골프장 매출이 일시적으로 증가한 틈을 타, 5배에 달하는 가격으로 인수 계약을 체결한 것이다. 해당 딜의 자문과 구조는 센트로이드 인베스트먼트라는 신생 PEF가 주도했고, 새마을금고는 이 회사에 막대한 자금을 제공하며 공동투자자로 참여했다.

　이는 단순한 투자 실패를 넘어서, 자산 가치에 대한 기본적인 검토조차 없었다는 비판을 받을 수 있는 대목이다. 더욱 심각한 것은,

이 딜에 개입한 인물들이 박차훈 회장과 밀접한 관련이 있다는 점에서 사익추구 의혹마저 제기되고 있다.

2. 뉴욕 타임스스퀘어, 이름값만 믿고 들어갔나

2020년대 초반, 새마을금고는 해외 대체자산 투자에 나섰고, 그 대표작이 바로 미국 뉴욕의 타임스스퀘어 빌딩이었다. 이 투자는 국내 금융기관 여섯 곳이 공동으로 진행한 딜이었고, 새마을금고중앙회는 후순위 투자자로 참여해 약 600억 원가량을 투입한 것으로 알려졌다. 그러나 뉴욕의 상업용 부동산 경기가 팬데믹 이후 급속히 냉각되면서 이 투자 자산의 가치도 급락했고, 결국 손실로 이어졌다. 이 역시 투자 판단의 근거가 허술했다는 점에서 비판을 피하기 어렵다.

문제는 투자 손실 그 자체보다, 새마을금고의 정체성과 역할에 있다. 서민들의 예금을 모아 대체자산 투자에까지 뛰어드는 것이 과연 바람직한가? 게다가 금융감독원의 규제를 받는 은행들과는 달리, 행정안전부 산하라는 독특한 지위 속에서 이 같은 고위험 투자가 가능했다는 점에서 제도적 헛점이 명백히 드러난다.

새마을금고중앙회는 그간 "수익 다변화"라는 미명 하에 위험한 모험을 거듭해왔다. 그러나 수익은커녕 막대한 손실과 의혹만 남겼고, 그 책임은 결국 회원과 고객들에게 돌아오게 되어 있다. 이제는 이 투자 쇼에 종지부를 찍고, 서민금융 본연의 역할에 충실한 경영이 절실한 시점이다.

16절. 대체투자 '큰손' 된 새마을금고 – 무책임의 극치

새마을금고중앙회는 금융기관이긴 하지만, 금감원이 아닌 행정안전부 산하에 있는 특수한 조직이다. 바로 이 구조적 특성이 중앙회의 대체투자 폭주를 가능하게 만든 숨은 배경이다. 일반적인 금융기관은 금융감독원의 감시와 규제를 받아야 하기에, 리스크가 높은 대체투자에 나설 경우 사전 승인을 받거나, 손실 발생 시 엄중한 감독 대상이 된다. 그러나 새마을금고는 이와 같은 견제 장치 없이 수십 조 원의 자금을 독자적으로 운영해 왔다.

이러한 구조에서 새마을금고중앙회는 어느 순간부터 대체투자 시장의 '큰손'으로 불리기 시작했다. 사모펀드, 해외 부동산, 골프장, 태양광, 물류센터, 스타트업 지분 투자까지, 투자 범위는 상상을 초월할 정도로 광범위했다. 마치 투자전문기관이라도 된 양, 수익률이 좋다는 이유만으로 무분별한 자금이 쏟아져 들어갔다.

문제는 그 자금이 누구의 돈이냐는 것이다. 이는 전적으로 전국 1300개 단위 새마을금고에서 보내온 '대내예치금'이다. 각 금고는 고객들로부터 예치받은 자금을 중앙회에 의무적으로 예치하고, 중앙회는 이를 모아 거대한 투자 자금 풀(pool)을 조성했다. 하지만 단위 금고는 이 자금의 투자처나 손실 가능성에 대해 감시할 권한도 없고, 사후 보고도 받지 못하는 구조였다.

대표적인 사례는 미국 뉴욕 타임스스퀘어 빌딩 투자다. 새마을금고를 포함한 국내 금융기관들이 투자한 이 건은 시장 상황 악화로 인해 600억 원 가까운 손실을 기록했다. 수익은커녕 원금조차 회수하지 못한 대표적인 대체투자 실패 사례다. 뿐만 아니라, 태양광 발전소에 1조6000억 원을 대출해 줬지만 회수율은 35%에 그쳤고, 2조 원에 골프장을 매입한 투자 역시 비상식적인 고가 거래라는 비판을 피할 수 없었다.

무엇보다 우려스러운 점은, 이러한 고위험 투자가 전문성과 절차에 근거해 이루어진 것이 아니라는 점이다. 설립 2년도 안 된 신생 운용사에 수천억 원을 맡긴 사례가 있었고, 이 운용사들이 실질적으로 박차훈 중앙회장 또는 측근들과 연결된 회사였다는 의혹도 제기되었다. 내부 통제는 사실상 존재하지 않았고, 감사 및 이사회는 전적으로 중앙회장의 영향력 아래 있었다.

즉, 중앙회는 국민의 눈먼 돈을 손쉽게 끌어모아 아무런 감시도 없이 사적인 연결고리를 따라 투자했고, 손실이 나도 누구도 책임지지 않았다. 이런 행태가 반복된 결과, 오늘날 새마을금고는 누적된 투자 손실과 연체율 상승으로 인한 뱅크런 위기에 처해 있는 것이다.

대체투자는 고도의 판단과 공공 책임이 요구되는 영역이다. 특히 서민금융기관이라면 더더욱 보수적인 자산 운영을 해야 마땅하다. 그러나 새마을금고중앙회는 이러한 책무를 완전히 외면한 채, 고위 임원들의 판단 하나로 국민의 돈을 도박판에 올려놓았다. 그리고 그 결과는 지금 우리가 맞이하고 있는 금융 시스템의 심각한 균열로 돌아오고 있다.

지금이야말로 질문해야 한다. 이 돈은 누구의 돈이었는가? 그리고 그 돈을 굴린 사람은 누구이며, 책임질 사람은 누구인가?

6장

머슴경영?
실상은 '상머슴 경영'

17절. 박차훈 사건의 전모

박차훈 전 새마을금고중앙회장은 스스로를 늘 "머슴"이라 칭하며, 섬김과 봉사의 리더십을 자처했다. 그러나 그가 남긴 기록은 머슴이 아닌 '상머슴', 아니 사익추구에 앞장선 권력형 경영인의 전형이었다. 그가 이끈 새마을금고중앙회는 부패와 불신, 그리고 탐욕의 대명사로 전락했고, 그 중심에는 박차훈이라는 인물이 자리하고 있었다.

박차훈 사건의 핵심은 단순한 도덕성의 결여가 아니다. 그는 새마을금고의 수장으로서 2천만 국민의 예금을 책임지는 공적 지위를 사적으로 이용했다는 데 그 심각성이 있다. 수사가 본격화되며 드러난 혐의는 다음과 같다.

- 중앙회 자회사 대표이사 선임을 대가로 금품을 수수.
  그 대가는 황금도장 2개, 시가 800만원 상당이었다.
- 중앙회 상근이사 3명으로부터 총 7800만원의 불법 금품을 수수.
- 중앙회장 선거 당시, 대의원들에게 1546만원 상당의 불법 금품과 향응을 제공한 선거법 위반 혐의.
- 변호사 비용 5000만원을 특정인에게 대납받은 혐의까지 추가되며, 금융권 전반에 충격을 주었다.

이 모든 혐의에도 불구하고, 박차훈은 광주지방법원에서 벌금 80만원의 가벼운 형을 선고받고, 중앙회장직을 유지했다. 이는 곧 전관예우와 재판거래 논란으로 이어졌다. 실제로 그는 대형 로펌 네 곳, 전직 헌법재판소장을 포함한 고위 전관 변호사들을 선임했다. 중앙회장직을 유지하며 7억 원이 넘는 연봉과 10억 원에 달하는 판공비를 계속 누렸다.

이뿐만이 아니다. 박차훈은 자신의 측근이자 과거 운전기사였던 인물을 M캐피탈 전무, 나아가 부사장으로 임명해 막대한 권한을 위임했다. 이 인물은 이후 새마을금고 중앙회가 투자한 대체투자 대상 기업에 박 회장의 친인척들과 함께 공동투자에 나섰고, 그 자금 출처가 불법 리베이트로 조성된 것이라는 법정 증언까지 나오게 된다.

박 회장의 머슴경영은 사실상 자신과 측근, 친인척의 사익을 위한 '상머슴 경영'에 불과했다. 그는 조직을 개인의 이익을 위해 수단화했고, 그 피해는 고스란히 새마을금고의 평범한 고객들과 실무 임직원에게 돌아갔다.

박차훈 사건은 단순히 한 개인의 부패 문제가 아니라, 새마을금고 중앙회가 구조적으로 얼마나 무기력했고, 견제 장치가 부실했는지를 적나라하게 보여주는 사례다. 그리고 이것은 곧 종신제, 사금고화, 대의원제 등으로 대표되는 '제도의 병폐'와 맞닿아 있다. 따라서 박차훈 사건의 전모는 새마을금고 개혁의 본질이 무엇인지를 상기시키는 결정적 사례로 반드시 기억되고, 기록되어야 한다.

18절. 1540만원 불법선거와 전관예우 재판

　박차훈 새마을금고 중앙회장의 불법 선거자금 사건은 단순한 선거법 위반이 아니다. 새마을금고의 수장이 법을 무시하고 조직의 수많은 구성원 위에 군림하려 한 대표적 사례다. 그는 2018년 중앙회장 선거 당시 무려 1,546만 원에 달하는 불법 선거자금을 사용한 혐의로 기소됐다. 선거에 영향을 미치기 위해 대의원들에게 과일 세트, 그릇 세트, 골프 접대, 음식 접대 등의 형태로 뇌물성 기념품을 제공했다. 특히 인천의 모 금고 이사장 최천만을 통해 선물을 보낸 사실이 드러나기도 했다. 검찰 수사 결과, 박차훈은 선물의 송신자 이름을 최천만으로 조작하였고, 이는 재판 과정에서 확인되었다. 이른바 '보은 인사' 차원에서 최천만 이사장은 이후 고액 연봉의 새마을금고복지회 이사장 자리에 임명되었다.

　더 큰 문제는 사법부의 태도였다. 선거법 위반으로 유죄가 확정된 전례에 비추어보면 박차훈은 이사장직을 상실해야 마땅했다. 그러나 그는 1심에서 벌금 80만원을 선고받았고, 항소심에서도 동일한 형을 유지하며 회장직을 유지하는 데 성공했다. 반면 같은 선거에서 불법 선거비용 42만원을 쓴 다른 후보는 벌금 100만원으로 낙선 처리되었다. 이 극단적인 형평성의 차이는 '전관예우' 의혹을 낳았다.

　박차훈은 재판 기간 동안 대형 로펌 네 곳과 별도로 여섯 명 이상의 전관 변호사를 선임했다. 특히 헌법재판소장 출신 이진성 변호사가 선임된 사실은 이 사건을 둘러싼 여론을 더욱 악화시켰다. 광주지방법원 김태호 판사와 항소심 재판을 맡은 김평호 판사 모두 전관예우의 구조적 문제에서 자유로울 수 없다는 의혹이 지속적으로 제기됐다. 해당 재판이 무려 2년 6개월 간 진행되는 동안 박차훈은 재선에 성공했고, 선거법 위반의 본질은 흐려졌다.

이 재판은 새마을금고 내부의 기강을 뿌리째 흔들었다. 임직원들은 법 위반에 대해 조직이 책임을 묻지 않는다는 인식을 갖게 되었고, 이는 이후 이어진 투자 실패, 횡령, 유용 사건의 배경이 되었다. 선거법 위반은 더 이상 사소한 일탈이 아니라 조직 전체의 부패와 무책임을 예고하는 징후였다.

시민사회는 이 사건을 '재판거래의 교과서'로 규정하며, 사법부의 자성을 촉구하였다. 특히 새마을금고와 같이 공적 기능을 가진 조직의 수장이 법 위반 사실에도 불구하고 직을 유지한다면, 그 피해는 고스란히 회원과 국민에게 전가된다는 점에서 이 문제의 본질은 결코 가벼이 넘길 수 없는 일이다.

19절. 금품수수, 황금도장, 가족투자 – 비리의 족보

박차훈 새마을금고중앙회장을 둘러싼 비리 의혹은 단순한 개인의 일탈을 넘어, 중앙회와 그 주변 인물들이 촘촘하게 얽힌 권력형 부패의 전형이라 할 수 있다. 특히 그의 금품수수, 황금도장 수령, 가족 친인척 투자 의혹 등은 조직 내 사익추구 구조가 얼마나 뿌리 깊은지를 보여준다.

첫 번째 의혹은 직접적인 금품수수 혐의다. 박 회장은 새마을금고의 자회사 대표이사 선임을 도와주는 대가로 현금 1억 원을 받은 혐의를 받고 있으며, 이 중 5000만 원은 변호사 선임비 대납이라는 방식으로 간접 수수되었다. 이는 단순한 선거법 위반을 넘어서, 직위를 이용한 사적 이익 추구의 결정적 사례다. 선거법 위반 재판에 쓰인 변호사비를 다른 인물에게 대납하게 했다는 점은 '정치적 방탄'의 목적이 있었음을 시사한다.

둘째는 황금도장 사건이다. 박 회장은 2022년 새마을금고가 투자한 회사의 임원으로부터 800만 원 상당의 순금 도장 두 개를 선물 받았다. 단순한 기념품 수준을 넘어 고가의 귀금속으로 수수 의도를 부정하기 어렵고, 특히 이 도장을 선물한 인물이 박 회장의 결정에 영향을 받는 위치에 있었다는 점에서 심각한 이해충돌 논란이 일었다. 공직자 또는 준공적 기관장의 품위와 윤리를 벗어난 이 사건은 '눈 먼 돈'이 어떻게 눈 가리고 아웅하는 식으로 뿌려졌는지를 보여준다.

셋째는 가족 투자 의혹이다. 박 회장의 부인과 조카며느리 등 친인척 5명이 중앙회가 160억 원을 투자한 부동산 플랫폼 회사 '직방'에 개인적으로 4억 원을 투자한 정황이 법정에서 증언되었다. 이들의 투자 자금은 박 회장의 운전기사 출신이자 M캐피탈의 부사장으로 승진한 최우성 씨를 통해 마련되었으며, 최 씨는 31억 원의 불법 수수로 구속된 상태다. 중앙회가 투자한 사업에 박 회장 가족이 동시 투자한 것은 정보의 사전 공유와 이익 편취 가능성을 강하게 시사한다. 이는 내부자 거래와 다름없는 심각한 도덕적 해이이며, 새마을금고의 공공성을 뿌리부터 훼손하는 행위다.

이처럼 박차훈 회장을 중심으로 얽힌 금품수수, 가족 이권 개입, 비정상적 선물 수수 행위는 단일 사건이 아니라 서로 연결된 부패의 족보라 불릴 만큼 구조화되어 있다. 더 큰 문제는 이러한 행위가 단지 박 회장 개인의 사리사욕에 그치지 않고, 그를 중심으로 형성된 권력 네트워크가 조직 내 이권을 공유하고 지배해왔다는 점이다.

이제 국민은 묻고 있다. 새마을금고의 200조 자산, 2300만 명 서민의 돈이 이런 식으로 유린당해도 되는가? 정작 지켜야 할 돈을 '눈 먼 돈'으로 착각하고 사유화한 이들에게 법과 제도의 철퇴가 필요하다. 그리고 그 첫 단추는, 이 부패의 족보를 해체하는 것이다.

제3부

보호받지 못한 돈들

제3부

보호하지 못한 도들

7장

예금자 보호는
착각이었다

20절. '금고 기금'이라는 거대한 허상

　새마을금고에 예금을 넣는 서민들은 대부분 '예금자 보호'라는 말을 믿고 안심한다. '1인당 5천만 원까지는 보호된다'는 홍보 문구는 금고 지점마다 붙어 있고, 창구 직원들도 동일하게 안내한다. 그러나 이 보호의 실체를 따져보면 일반 은행에서의 보호와는 전혀 다르다.

　일반 은행은 예금보험공사 산하의 예금보험기금에서 예금자 보호를 받는다. 예금보험공사는 금융위원회 산하의 준정부기관으로, 전국의 모든 금융기관에서 걷은 보험료를 모아 통합적으로 운영하고 위기 발생 시 구조조정을 통해 예금자를 보호한다. 한 마디로 말해, 국가 시스템이 뒷받침된다.

　그러나 새마을금고는 이와 다르다. 금융위원회나 금융감독원의 관할이 아닌 행정안전부 산하에 있으며, 자체적으로 운영하는 '신용공제조합중앙회 기금'을 통해 예금자 보호를 하겠다고 공언한다.

이것이 바로 '금고 기금'이다.

문제는 이 기금의 구조와 실체다. 금고별로 의무적으로 일정 금액을 예치하도록 하고 있지만, 이는 전국 1280여 개 금고가 자율적으로 운영하는 구조 속에서 중앙회에 맡긴 '대내예치금'과 유사한 형식이다. 이 돈이 모여 수십조 원이 되더라도, 동시에 여러 금고에서 대규모 뱅크런이 발생하면 감당할 수 없다.

즉, '한두 개 금고'의 부실에 대응할 수는 있으나, 구조적 위기에는 무력하다. 실제로 2023년 상반기 일부 금고에서 부동산 PF 대출 부실이 현실화되고 뱅크런 조짐이 보이자, 정부와 중앙회는 예치금 인출을 막기 위해 대출 중단, 영업 시간 단축, 심지어 일시 폐쇄 조치를 취했다. 이것이 '예금자 보호'인가?

국민들은 일반 은행처럼 국가가 뒷받침하는 안전한 금융기관이라 믿고 돈을 맡기지만, 실상은 '공적 보호 장치'가 없는 '사적 약속'에 불과한 것이다. 그마저도 금고 이사장과 중앙회의 부패, 부실 운영으로 인해 위기 대응력은 더욱 낮아져 있다.

결국 금고 기금이라는 이름으로 포장된 이 시스템은 '허상'이다. 표면적으로는 보호가 되는 것처럼 보이지만, 그 실체는 허약하기 짝이 없는 자기 책임 구조에 불과하다. 새마을금고 예금자 보호에 대한 근본적 환기가 필요하다. 금융감독원으로의 감독 권한 이관 없이는 어떤 개선도 요원하다.

21절. 두세 금고면 막을 수 있지만, 10개 이상이면?

새마을금고는 예금자보호제도를 운영한다고 홍보해 왔다. 이는 새마을금고중앙회 산하의 "예금자보호준비기금"을 통해 최대 1인당 5천만 원까지의 예금을 보호한다는 것이다. 하지만 이 보호제도는 1금융권의 예금보험공사가 제공하는 실질적이고 중앙집중적인 예금보호와는 질적으로 다르다. 문제는 이 차이를 대부분의 회원들과 예금자들이 제대로 인식하지 못하고 있다는 데 있다.

예금보험공사는 국가가 설립한 기관으로, 시중은행, 보험사, 저축은행 등 모든 금융기관으로부터 분담금을 받아 별도 법적 기금을 조성한다. 이 기금은 독립적으로 운용되며, 금융기관이 부실화될 경우 금융당국의 지휘 아래 즉각적이고 일관된 대응이 가능하다. 이와 달리, 새마을금고의 예금자보호준비기금은 중앙회가 자체적으로 운영하며, 법적 독립성과 국가 차원의 개입 보장이 없다. 중앙회 내부에서 임의로 집행 여부를 결정하는 구조라는 점에서 한계가 뚜렷하다.

이러한 구조적 결함은 위기상황에서 드러난다. 2023년 하반기, 일부 지역 새마을금고에서 뱅크런(대규모 예금 인출 사태)이 발생했을 때, 중앙회는 "해당 금고의 상황은 안정적이며 예금자보호기금이 작동하니 안심하라"는 메시지를 반복했다. 그러나 금융시장은 냉정했다. 실제로 3~4개 금고에 뱅크런이 동시에 발생하자, 중앙회는 준비기금의 집행을 지연하거나 한도를 설정하는 방식으로 대응했다. 이는 예금자 입장에서 "믿고 맡긴 돈을 제때 돌려받을 수 없다"는 불안감을 증폭시키는 결과를 초래했다.

예금자보호준비기금은 구조적으로 몇 개 금고의 부실 정도는 감당할 수 있을지 몰라도, 수십 개에 걸쳐 동시다발적으로 위기가 발생할 경우 전혀 대처할 수 없는 한계에 직면한다. 실제로 2023년 기준으로 새마을금고 전체 대내예치금은 70조 원 이상인데, 예금자보호준비기금은 고작 수 조 원 수준에 불과하다. 1금고당 수천억 원의 예금이 존재하는 현실을 고려하면, 10개 금고 이상이 한꺼번에 부실화될 경우 중앙회의 기금은 고갈되고 만다.

이는 단순한 가정이 아니다. 인천 미추홀구를 중심으로 발생한 전세사기 연루 사건, 대구와 양산 지역의 PF 부실 대출 사태, 충남 홍성의 대규모 횡령 등은 단일 지역의 고립된 문제가 아니다. 구조적으로 취약한 거버넌스, 종신 이사장제와 사금고화, 느슨한 내부 감사체계 등이 전국적 공통 현상으로 자리잡았기 때문이다. 그러므로 수 개의 금고가 아니라, 수십 개 금고의 동시 부실은 예고된 미래일 수 있다.

새마을금고는 금융기관인가 아닌가? 고객은 이를 은행처럼 신뢰하지만, 제도와 구조는 여전히 느슨한 협동조합 수준에 머물러 있다. 이 괴리를 해결하지 않고서는 예금자보호라는 이름은 공허한 약속에 불과하다. 예금자 보호제도를 실효성 있게 개편하기 위해서는, 첫째, 기금의 외부 독립성과 투명한 관리체계를 마련해야 하며, 둘째, 금융감독원 등 국가 기관의 실질적인 감독 권한이 부여되어야 한다. 셋째, 전국적 위기 상황에 대응할 수 있는 상시 구조조정 및 예금자보호 기금 확충이 선행되어야 한다. 그렇지 않다면, 오늘의 눈 먼 돈은 내일의 눈물로 되돌아올 것이다.

22절. 고금리 미끼에 끌려간 서민 예금

"이자가 조금이라도 높다길래 새마을금고에 넣었지요. 설마 그렇게 큰 문제가 있을 줄은 몰랐어요."

이는 서울 강북의 한 중소상인 금고회원이 기자에게 털어놓은 말이다. 실상은 이 한 문장에 새마을금고를 둘러싼 서민금융의 비극이 고스란히 담겨 있다. 서민들은 금리를 쫓아 돈을 맡겼고, 그 돈은 부실한 투자와 비리, 무책임한 경영에 빨려 들어갔다.

시중은행의 1년 정기예금 금리가 2%대일 때, 새마을금고는 3%에서 많게는 4.5%까지 제시했다. 금융문맹률이 높은 서민 고객 입장에서는 '더 좋은 조건'의 금융기관으로 보였고, 가입 조건도 비교적 느슨하여 접근성도 높았다. 하지만 이 고금리는 착시였다. 구조적으로 금고 운영에 부담을 지우는 금리였고, 이는 향후 자금운용 실패와 함께 큰 위기로 되돌아왔다.

새마을금고는 일반은행처럼 예금자보호공사의 보험을 받는 것이 아니라, 자체적으로 조성한 예금자보호기금으로 사고를 처리한다. 그런데 금리를 높게 유지하려면, 그만큼 자산운용 수익도 높아야 한다. 새마을금고는 무리하게 고위험 상품에 투자하거나, 전세사기와 PF 대출로 수익을 확보하려는 유혹에 자주 빠졌다.

고금리 예금은 또한 뱅크런 위험을 높인다. 금고에 문제가 생긴다는 소문이 돌면, 높은 이자를 보고 예치했던 예금자들이 즉시 인출을 시도하게 된다. 이는 연쇄적인 자금 유출을 불러오고, 지역 금고뿐 아니라 중앙회 차원의 위기로 이어질 수 있다. 실제로

2023년과 2024년에 여러 지역 금고에서 뱅크런 조짐이 있었고, 인출을 제한하는 초유의 조치까지 시행되었다.

고금리는 서민에게 유혹이고, 금고에게는 부채다. 이 유혹의 뒷면에 어떤 위험이 숨어 있는지를 명확히 알리는 공시와 교육이 부족했던 것은 새마을금고 전체의 책무였다. 특히 중앙회는 마케팅 효과를 위해 고금리를 앞세우면서도, 고금리가 지닌 위험성은 적극적으로 알리지 않았다.

"눈먼 돈"은 바로 여기서 나온다. 고객의 돈이 안전하다고 믿고 맡겼지만, 그 돈은 부실한 대출과 부적격 투자의 재원이 되었다. 고객은 예금으로 보상을 받는 대신, 사태가 터진 후에야 '왜 내 돈이 위험했는지'를 뒤늦게 알게 된다. 이것이야말로 눈먼 예금, 눈먼 고금리의 함정이 아니고 무엇이겠는가.

8장

눈 먼 내 돈, 진짜로
못 돌려받는 날이 온다면

23절. 뱅크런과 부실금고, 그리고 그날의 재앙

뱅크런(bank run). 말 그대로 은행에 돈을 맡긴 사람들이 한꺼번에 예금을 인출하러 몰려드는 현상이다. 영화나 소설 속 이야기 같지만, 이미 우리나라의 현실이기도 하다. 그리고 그 중심에 바로 새마을금고가 있다.

2023년, 경기도 남양주의 한 새마을금고에서 실제로 뱅크런 조짐이 발생했다. 고객들은 금고 앞에 길게 줄을 섰고, 불안에 떨며 예금 인출을 요구했다. 창구 직원들은 사실상 감당할 수 없는 상황에 처했고, 일부 금고는 급기야 일시적으로 출금을 중단했다. 새마을금고 중앙회는 부랴부랴 해명과 진화에 나섰지만, 이미 언론을 통해 퍼진 충격은 서민들 사이에 깊은 불신을 남겼.

이러한 뱅크런 현상의 근본 원인은 부실금고의 존재와 예금자 보호의 허점에서 비롯된다. 금융감독원의 통제 아래 있는 1금융권 은행들은 예금보험공사를 통해 예금자 보호를 받을 수 있다. 하지만 새마을금고는 아니다. 새마을금고는 행정안전부 산하에 있으며, 그 예금자 보호는 중앙회 자체 기금으로 이뤄진다. 즉, 시스템 자체가 국가 차원의 보험 보호를 받지 않는다. 중앙회가 운영하는 기금이 커 보이지만, 전국 1280여 개 금고 중 열 곳 이상에서 동시다발적인 파산이나 유동성 위기가 발생하면, 그 기금으로는 결코 감당할 수 없다. 현대는 이러한 소식이 하룻 밤도 아닌 순식간에 전국에 퍼지기 때문이다.

특히 문제가 되는 것은 부실금고의 방치다. 일선 금고가 대내예치금 명목으로 예치한 수십 조 원이 중앙회로 흘러들어가고, 이 자금이 감시 없이 부동산PF나 대체투자에 쓰이는 구조는 이미 국민에게 알려진 상태다. 하지만 정작 이 자금이 어디로, 어떻게 흘러갔는지는 대다수가 알지 못한다. 이것이 바로 눈 먼 돈의 실체다.

만약 내일이라도 대구나 부산, 인천에서 또 다른 부실금고가 드러나고, 고객들이 대거 예금을 인출하러 몰려든다면 어떻게 될까? 뱅크런은 어느 금고에만 국한되지 않는다. 한 군데에서 시작된 뱅크런은 도미노처럼 다른 금고로 확산된다. 2금융권, 특히 새마을금고처럼 상호금융기관이 가진 지역 분산형 구조는 이런 위기 확산에 무척 취약하다.

그리고 그날, 당신이 믿고 넣어둔 예금은 더 이상 '당연히 받을 수 있는 돈'이 아닐 수도 있다. 1인당 5천만 원까지 보호된다는 믿음이 오히려 눈먼 돈을 만들어냈고, 이제 그 책임은 결국 고객, 금고회원, 서민의 몫이 되고 있다.

이 책은 바로 그날을 막기 위한 경고이며, 행동을 촉구하는 외침이다. 뱅크런은 언제든 발생할 수 있다. 그리고 그날, 우리는 모두 후회하게 될 것이다. "왜 그때, 아무도 말리지 않았을까?"

24절. 5천만 원은 숫자일 뿐이다

　새마을금고는 고객에게 "1인당 예금 5천만 원까지 보호된다"고 강조해왔다. 금고 입구에는 큼지막하게 예금자 보호 안내문이 붙어 있고, 상담 창구에서도 이 문구는 안심을 주는 결정적 멘트로 자주 사용된다. 그러나 이 문구는 절반의 진실이며, 그 나머지 절반은 감춰진 위험이다.

　먼저 국민 대부분은 '예금자 보호'라는 말을 들으면 금융감독원의 감독 아래, 예금보험공사가 관리하는 공적 기금으로부터 손실 보전을 받는다고 생각한다. 이는 1금융권 은행에서는 맞는 이야기다. 그러나 새마을금고는 다르다. 새마을금고의 예금자 보호는 예금보험공사가 아닌, 중앙회가 자체적으로 운영하는 '자체 기금'에서 이뤄진다. 즉, 예금자 보호의 주체가 민간 성격의 내부 기금인 것이다.

　문제는 이 기금의 규모와 구조, 그리고 신뢰성이다. 예금보험공사는 정부가 사실상 책임지는 국가 기관으로, 금융위기 시 국가 예산이 투입되는 경우도 많았다. 반면, 새마을금고의 공제회 기금은 중앙회가 각 단위 금고로부터 받는 대내예치금의 일부를 통해 적립되며, 투명성과 감독의 수준이 턱없이 낮다. 더욱이 이 기금 자체가 고위험 투자에 동원되거나, 운영의 전문성과 독립성이 부족하다는 비판을 받아왔다.

　이런 구조에서 5천만 원이라는 숫자는 안전망이 아니라 기대일 뿐이다. 단 하나의 금고가 파산할 경우, 중앙회 기금이 작동할 수 있을지 모르지만, 여러 금고가 동시다발적으로 붕괴되면 이야기는 달라진다. 실질적 보호 능력에 대한 객관적 검증이나 위기 시뮬레이션 결과조차 공개된 바 없다. 5천만 원이라는 숫자가 '보호 한도'인 동시에, 보호가 되지 않을 수 있다는 냉혹한 현실의 상한선이 될 수 있다는 의미다.

게다가 대출 브로커, 불법 선거, 가족 채용, 대체투자 실패 등으로 이미 중앙회는 자산 운용에 심각한 신뢰 위기를 겪고 있다. 이 상태에서 중앙회가 기금 관리 주체로서 제 역할을 한다는 보장은 어디에도 없다. 5천만 원이 아니라, 5만 원도 지켜주지 못할 수 있다는 우려는 결코 과장이 아니다.

따라서 5천만 원이라는 말에 너무 의존해서는 안 된다. 이 숫자는 단지 마케팅 도구로 쓰일 뿐, 그 실체를 따져보면 실제보다 훨씬 허약한 기반 위에 서 있다. 국민들은 진짜로 보호받을 수 있는 돈이 무엇인지, 그것을 누구에게 기대해야 하는지를 새롭게 묻고 점검해야 할 시점이다.

9장

브릿지론, RP채권, 구조화 금융의 함정

25절. 7조 환매조건부채권의 정체

2023년 7월 초, 새마을금고중앙회가 전격적으로 실행한 7조 원 규모의 환매조건부채권(RP: Repurchase Agreement) 발행은 새마을금고의 유동성 위기와 구조적 취약성을 여실히 드러낸 사건이었다. 겉으로 보기엔 단순한 유동성 확보 조치처럼 보일 수 있으나, 그 이면에는 근본적 구조 문제와 경영 실패가 낳은 악순환이 도사리고 있다.

RP채권이란 일정 기간 뒤 다시 매입하는 조건으로 채권을 판매하는 일종의 단기 자금 조달 방식이다. 보통 국채, 통안채와 같은 안정적 담보 자산을 기반으로 한다. 그러나 새마을금고의 경우, 급격한 예금 인출 사태(소위 뱅크런)의 충격을 막기 위해 RP채권을 시중은행과 국책은행에 고금리로 판매한 것으로 알려졌다. 이를 통해 확보된 자금은 예금 지급 여력 확보와 중앙회 유동성 방어에 쓰였다고 해명되었지만, 실상은 새마을금고 금융 시스템의 치명적

구멍을 땜질하는 미봉책에 불과했다.

  문제는 이러한 RP채권이 만기가 도래하면 다시 자금을 상환해야 한다는 점이다. 이 구조는 단기 자금 조달을 반복할수록 점점 더 큰 이자 부담을 불러오며, 장기적으로는 금고 자체의 수익 구조를 왜곡시키고 재무 건전성을 악화시킨다. 특히 이번에 새마을금고가 지불한 이자는 매달 300억 원에 달할 것으로 추산되며, 이는 연간 3,600억 원 이상의 부담으로 작용할 수 있다. 결국 금고의 경영은 더욱 압박받고, 이 손실은 고스란히 금고 회원과 예금주에게 돌아가는 셈이다.

  더욱이 이번 RP채권의 담보물로 사용된 자산이 과연 얼마나 신뢰할 수 있는가에 대해서도 의문이 제기된다. 새마을금고 중앙회는 이미 태양광, 골프장, 뉴욕 부동산 등 부실 대체투자에 막대한 자금을 투입한 바 있다. 만약 이들이 RP채권 담보로 활용되었다면, 이는 또 다른 부실의 씨앗이 될 수 있다. 또한 RP채권 자체는 일반 금고 회원이 내용을 알 수 없는 비공개 계약 형태로 진행되었기에, 회원으로서의 감시와 견제 기능도 작동하지 못했다.

  결국 새마을금고의 7조 RP채권은 서민의 피 같은 돈을 담보로 한 위험한 도박이자, 내부 부실을 감추기 위한 일시적 방편에 불과하다. 문제의 핵심은 자금 조달 방식이 아니라, 왜 이런 상황까지 몰렸는가 하는 근본 원인에 있다. 사금고화된 경영, 종신 이사장 체제, 불투명한 투자 구조와 중앙회의 무책임한 자금 운용이야말로 지금의 RP채권 사태를 낳은 본질이다.

  RP채권 발행으로 위기를 모면했다고 착각할 때, 진짜 위기는 그 뒤에 올 수 있다. 이것이 바로 7조 환매조건부채권이 던지는 경고다.

26절. 부실의 구조화 – 이익은 사적으로, 손해는 금고로

새마을금고 중앙회의 대체투자 및 PF 관련 운영 실태를 살펴보면, 이익은 개인이 챙기고 손해는 조직이 떠안는 전형적인 "부실의 구조화" 형태가 반복되고 있다. 이는 단순한 판단 미스나 일시적 부주의가 아닌, 구조적이고 계획적인 이익 사유화와 손해의 사회화 구조로 읽힌다.

대표적인 사례는 M캐피탈 사태다. 새마을금고 중앙회는 PF 관련 자금 집행 및 투자에서 내부 전관과 측근 중심으로 업무를 몰아주었다. M캐피탈의 경우 박차훈 전 회장의 운전기사가 전무, 부사장으로 승진하며 투자 의사결정에까지 깊이 개입했는데, 그 결과는 30억 원대의 불법 수수와 사적 유용이었다. 문제는 그 책임이 고스란히 새마을금고 중앙회의 자산에 전가되었다는 점이다.

또한 뉴욕 타임스스퀘어 빌딩 투자 실패 사례에서도 유사한 구조가 발견된다. 투자 의사결정은 소수 내부자와 유착된 외부 운용사에 의해 비밀리에 진행됐고, 리스크 분석과 사후 관리가 거의 없는 상태에서 수백억 원의 손실이 발생했다. 투자 과정에 실명으로 참여했던 책임자들은 대부분 퇴직하거나 변호인을 통해 방어하고 있으며, 새마을금고는 이들에 대한 구상권을 적극적으로 청구하지 않고 있다. 이 역시 손실의 집단 전가 구조를 방치한 셈이다.

이러한 부실의 구조화는 새마을금고 중앙회의 경영구조 자체에 기인한다. 중앙회장은 선거를 통해 선출되지만, 이사회는 대부분 장기 연임 이사장들이 독점하고 있으며, 투자심의와 감시 기능은 사실상 무력화되어 있다. 내부 인사들이 이권과 직결되는 투자 사업에 직간접적으로 연루되어 있는 경우가 다수이며, 이 때문에 이익은 사적으로 분배되고, 손해는 중앙회라는 이름으로 금고 전체에 전가된다.

즉, 새마을금고는 단위금고들이 성실하게 모은 대내예치금을 모아 중앙회가 굴리는 구조인데, 그 결과물은 중앙회와 소수 내부자, 그리고 외부 이권세력 간의 결탁으로 왜곡되고 있다. 전국 1300여 개 금고의 노력과 자금이 몇몇 권력자들의 투자 실험실로 변질된 것이다.

이러한 구조가 유지되는 한, 새마을금고의 신뢰는 근본적으로 회복될 수 없다. 투자 실패의 원인을 단순한 시장 상황으로 돌릴 것이 아니라, 이익의 사유화와 손해의 집단화라는 시스템의 문제로 인식하고, 이에 대한 강력한 제도적 수술이 뒤따라야 할 것이다. 예컨대, 중앙회장 권한의 분산, 외부 감시 기구의 도입, 대체투자 제한 등의 조치가 시급하다.

27절. 고위험·고수익이라는 꿀맛, 그리고 뒷맛

"이렇게 수익이 나는데 왜 안 해요? 다른 데는 더 많이 합니다."

이 한마디는 최근 몇 년간 새마을금고 안팎에서 대체투자와 부동산 관련 고수익 투자 상품을 밀어붙이는 데 동원된 가장 흔한 논리였다. 특히 PF대출, 브릿지론, 환매조건부채권(RP) 등 고위험 금융상품은 '시장의 흐름을 읽는 감각'이라는 이름으로 포장되었고, 새마을금고의 돈은 그것을 뒷받침하는 실탄으로 동원되었다.

하지만 그 실탄은 누구의 돈인가? 바로 새마을금고 회원, 예금자의 돈이다. 자영업자, 소상공인, 퇴직한 어르신, 저소득층 시민들의 피 같은 돈이 단지 '더 높은 수익'을 추구한다는 명분 하나로 고위험 금융상품에 투입됐다. 문제는 이 투자가 철저한 리스크 관리 아래 진행된 것이 아니라, 중앙회장과 임원, 담당 부서의 자의적인 판단, 심지어 특정 업체와의 유착 의혹이 있는 상태에서 이뤄졌다는 점이다.

서울 강남의 일부 새마을금고에서는 PF 대출을 통해 막대한 수익을 거뒀다는 홍보가 있었다. 그 순간만 보면 실제로 연 7~8% 수익률이 발생했다. 그러나 이는 부동산 가격이 계속 상승한다는 전제가 유지될 때만 가능한 시나리오였다. 부동산 경기가 꺾이고, 사업자들이 분양 실패나 자금난을 겪으면서 이 구조는 급격히 흔들렸다. 리스크는 현실화되었고, 회수하지 못한 대출금은 고스란히 새마을금고의 자산 건전성에 치명적인 타격을 입혔다.

더 큰 문제는 책임 구조다. 이익이 났을 때는 담당 임직원과 중앙회 고위 간부들이 보너스를 챙기고, 회식 자리를 마련하고, 내부에서 영웅 대접을 받았다. 그러나 손실이 났을 때는 아무도 책임지지 않았다. 일부 직원이 징계 받는 선에서 그쳤고, 막대한 손해는 결국 새마을금고 전체, 더 정확히는 예금자들에게 돌아갔다.

그야말로 이익은 사적으로, 손해는 공동체가 부담하는 구조. 이것이 새마을금고가 고위험·고수익이라는 '꿀맛'에 빠진 뒤 마주하게 된 씁쓸한 '뒷맛'이다.

더 늦기 전에 물어야 한다. 새마을금고는 누구의 돈을 누구를 위해 굴리고 있는가? 그리고 그 돈을 굴리다 손해가 났을 때, 책임은 누구에게 있는가? 국민의 돈, 서민의 피 같은 예금을 굴리는 조직이라면, 최소한의 윤리와 책임은 갖춰야 하지 않겠는가?

10장

사법부도 공범인가

28절. 재판거래와 전관예우, 그 실제 사례

"유전무죄 무전유죄"라는 말은 우리 사회의 사법 불신을 압축적으로 표현한다. 새마을금고 중앙회의 박차훈 전 회장이 1546만 원의 불법 선거자금을 사용하고도, 벌금 80만 원에 그친 판결을 받으며 회장직을 유지한 사건은 사법부에 대한 국민적 의심을 더욱 증폭시켰다. 특히 그 과정에서 전관예우, 대형로펌 수임, 재판 지연 등의 정황은 법의 정의가 아닌 권력과 자금의 논리가 사법의 중심이 되었음을 보여준다.

1심과 2심에 걸쳐 광주지방법원의 김태호 판사와 김평호 판사가 각각 판결을 내렸다. 언론 보도와 자체 분석에 따르면 박차훈은 재판 과정에서 네 곳 이상의 대형로펌을 동원하고 여섯 명 이상의 변호인을 선임했으며, 재판은 2년 6개월이나 지연되었다. 그리고 그 사이 그는 재선에 성공했다. 이러한 결과는 "재판거래가 있었던 것 아니냐"는 의혹을 낳기에 충분했다. 특히 2심 판결 직전, 전 헌법재판소장 출신 변호사가 박차훈의 변호인단에 합류한 사실이 알려지며, 전관예우의 그림자가 짙게 드리워졌다.

이 사건은 단지 한 명의 비리를 넘어 사법체계가 구조적으로 부패와 결탁할 수 있음을 보여주는 사례다. 선거법 위반이라는 중대한 사안에 대해 사법부가 솜방망이 처벌을 내리고, 그 결과로 인물이 다시 공직에 오르며 추가 비리를 저지를 수 있게 된 것이다. 실제로 이후 드러난 박차훈 회장과 그 측근들의 금품수수, 대체투자 실패, 가족 연루 비리 등은 사법부의 80만 원짜리 면죄부가 초래한 결과라 해도 과언이 아니다.

사법부가 기업, 정당, 지방권력과 달리 오직 "신뢰"만으로 존재할 수 있는 권력기관이라는 점을 상기할 때, 이번 사례는 단순한 오심이 아닌 국민 신뢰 붕괴의 전조로 이해되어야 한다. 특히 새마을금고처럼 서민의 돈을 다루는 금융기관에서 벌어진 비리에 대해 사법부가 제대로 된 처벌을 하지 못했을 경우, 이는 곧 금융 질서와 사회 정의의 근간을 흔드는 일로 이어질 수 있다.

전관예우와 재판거래, 그리고 이를 가능하게 하는 대형로펌과 고위 법조인의 네트워크. 이 사건은 그런 구조가 실제 작동했고, 실질적인 피해는 고스란히 국민에게 전가되었음을 웅변하고 있다. 사법부가 더 이상 정의의 최후 보루가 아닌, 권력자에게는 우호적이고 약자에게는 엄정한 기관으로 전락하지 않으려면, 지금이라도 이 사건의 책임과 구조를 낱낱이 드러내야 한다.

29절. 검찰이 밝힌 박차훈의 죄목과 내부 공범들

박차훈 전 새마을금고중앙회장이 받는 혐의는 단순한 위법 행위를 넘어서, 새마을금고라는 거대한 서민금융 조직을 사유화하고 그 기반을 무너뜨린 중대한 금융범죄다. 그의 혐의는 다양하며, 그 과정에서 공모하거나 방조한 내부 인사들의 존재도 점점 드러나고 있다. 검찰은 수사끝에 박차훈 중앙회장을 기소했고, 드디어 업무가 중지되고 구속 수사 재판에 이르게 된 것이다. 검찰이 밝힌 혐의는 아래와 같다.

● 금품수수 및 직권남용

박차훈 회장은 자회사 대표이사를 임명해 주는 대가로 800만 원 상당의 황금도장 2개를 받은 혐의를 받고 있다. 이는 단순한 사례로 그치지 않는다. 금품 수수는 이미 전형적인 권력형 범죄의 전조이며, 검찰은 이 외에도 수차례의 뇌물 수수 정황을 포착한 상태다. 특히 중앙회 상근이사 3명으로부터 총 7800만 원을 받은 혐의는 내부 권력 구조와의 공모를 시사한다.

● 선거법 위반과 방조

2018년 중앙회장 선거를 앞두고 1540만 원의 불법 선거 자금을 사용한 혐의로 박차훈은 기소되었고, 논란이 된 판결을 통해 80만 원 벌금형으로 중앙회장직을 유지했다. 하지만 선거운동 과정에서 과일 세트, 식사 접대, 골프 접대 등 금품 제공에 함께한 인물들—당시 낙선했던 이사장들, 복지회 주요 간부 등—이 선거범죄를 조직적으로 도왔다는 점이 드러나고 있다.

● **대체투자 연계한 사익추구**

가장 충격적인 부분은 박 회장의 친인척들이 중앙회가 투자한 부동산 플랫폼 '직방'에 함께 투자했다는 점이다. 이 과정에서 자금은 박 회장의 전 운전기사이자 M캐피탈 부사장으로 임명된 최우성 씨를 통해 마련되었으며, 그는 총 31억 원의 알선수재 혐의로 구속되었다. 검찰은 이 자금 일부가 박 회장의 가족에게 흘러들어간 정황도 포착했다.

● **내부 공범들: 조직적인 범죄 체계**

현재까지 드러난 박 회장의 내부 공범은 최소 7명에 이르며, 대부분이 중앙회 주요 간부직 출신이다. 이들 중 일부는 이미 1심에서 실형을 선고받았다. 박모 전 차장은 40억 원의 대출 수수료를 유령회사로 빼돌렸고, 노모 전 팀장과 오모 전 팀장도 각각 5년과 2년형을 선고받았다. 이들은 박 회장의 뜻에 따라 대출 알선, 투자 유도, 기획 사기 등의 핵심 역할을 담당했다.

● **결론: 공범의 처벌과 조직 정비는 필수**

이 사건은 단순한 개인의 일탈이 아닌, 조직 내 유착과 방조, 공모의 총체적 결과다. 검찰의 공소장은 박 회장 개인의 범죄뿐 아니라, 중앙회라는 조직이 어떤 식으로 부패에 무방비 상태로 놓여 있었는지를 고스란히 보여준다. 결국 새마을금고 개혁은 박 회장 1인의 사법처리로 끝나서는 안 된다. 그를 도운 내부 인물들에 대한 엄정한 책임 추궁과 조직 구조의 근본적 개편이 동반되어야 진정한 회복이 가능하다.

이 과정에서 서민금융선진화시민연대가 벌금 80만 원이라는 솜방망이 처벌의 문제점을 지속적으로 제기해 온 것이, 결국 사법부로 하여금 형사 기소 및 재판에 이르게 한 주요한 동력으로 작용했다는 점에서, 이는 시민운동으로서 충분히 보람을 느낄 만한 성과라 할 수 있다.

30절. 솜방망이 처벌이 부른 반복된 범죄

새마을금고를 뒤흔든 박차훈 전 중앙회장 비리 사건은 단지 한 사람의 일탈이 아니라, 솜방망이 처벌이 불러온 구조적 반복 범죄의 실상이다. 이미 그는 2018년 중앙회장 선거에서 1,546만 원의 불법선거 자금을 사용한 혐의로 재판에 넘겨졌고, 이에 대한 1심에서 유죄 판결을 받았다. 그럼에도 불구하고 그는 벌금 80만 원이라는 극히 낮은 처벌을 받고도 중앙회장직을 유지했다. 선거법 위반으로 다른 이사장이 직을 상실한 사례에 비해 지나치게 관대한 판결이었다.

이러한 처벌의 경중은 일반 국민들에게 새마을금고의 공정성과 사법 정의에 대한 신뢰를 무너뜨렸다. 동일한 법적 기준이 적용되지 않았으며, 박차훈의 경우 전관예우 의혹까지 불거졌다. 그가 선임한 대형로펌들과 전직 헌법재판소장 출신 변호사의 존재는 공정한 재판보다는 '판을 짜는' 소위 재판거래의 상징처럼 비춰졌다.

솜방망이 처벌의 결과는 명확했다. 박차훈은 재판 기간에도 중앙회장 재선에 성공했고, 이후에도 공공연하게 권력을 유지하며 새마을금고 내부 인사를 좌지우지했다. 그가 임명한 측근들이 공제 대표이사, 자회사 임원, 투자본부 책임자로 자리를 차지하면서, 부정부패의 카르텔은 더욱 공고해졌다.

그 결과 새마을금고는 잇따른 금융 비리, 부실 대출, 사모펀드 비리, 가족 투자 연루 등 연쇄적인 문제에 직면하게 되었고, 그 중심에는 여전히 솜방망이 처벌을 받은 박차훈과 그 주변 인물들이 있었다. 만약 2018년의 선거법 위반에 대해 강력한 법 집행이 이뤄졌다면, 이러한 반복된 범죄와 조직적 부패는 미연에 방지되었을 것이다.

금융기관에 대한 솜방망이 처벌은 단지 특정인의 도덕적 해이를 넘어, 수천만 서민의 예금을 위협하는 구조적 리스크로 이어진다. 법 집행이 약하면 약할수록 범죄의 비용은 줄고, 유혹은 커진다. 법이 사익추구의 도구가 되는 것을 방지하려면, 강력한 법 집행과 일관된 처벌이 필수적이다. 그것이야말로 새마을금고를 개혁하고, 국민 신뢰를 되찾는 첫 걸음이 될 것이다.

제4부

이제 우리는
무엇을 할 것인가

11장

제도개혁 - 이사장 종신제 폐지와 직선제 강화

31절. 이사장 임기 제한의 실효성 확보

새마을금고의 병폐를 논함에 있어 그 뿌리에는 '이사장 종신제'라는 괴물이 존재한다. 법적으로는 이사장의 임기를 4년에 한해 2차까지 연임 가능하도록 제한하고 있지만, 현실에서는 그 제한이 아무런 효력을 발휘하지 못하고 있다. 이유는 간단하다. 각종 편법과 제도적 허점을 이용해 이사장직을 무기한 연장하는 구조가 이미 고착화되었기 때문이다.

대표적인 수법은 '꼼수합병'이다. 금고 이사장이 법정 3연임을 마칠 무렵, 자본금이 작고 상대적으로 영향력이 미미한 인근 금고와의 합병을 추진한다. 합병과 동시에 신설금고가 출범하게 되면, 이사장직은 완전히 새로 시작되는 것으로 간주되어 다시 3연임의 카운트가 시작된다. 법의 취지를 정면으로 우롱하는 방식이다.

또 다른 수법은 '상근이사제 활용'이다. 3연임을 마친 이사장이 잠시 상근이사로 자리를 옮긴 후, 다시 이사장으로 복귀하는 방식이다.

이 역시 제도적 사각지대를 이용한 것으로, 사실상 이사장직의 무기한 연장을 가능케 한다. 이와 같은 반복은 일부 금고에서 이사장이 20년, 심지어 25년을 재직하는 사태를 초래했다.

이러한 종신 이사장 체제는 필연적으로 금고의 사유화, 즉 '사금고화'를 초래한다. 이사장은 인사권, 예산권, 대출심사 등 금고의 실질적 권한을 장악하게 되고, 감사, 이사, 대의원까지도 자신의 인맥으로 채워버린다. 이에 따라 견제와 감시 기능은 완전히 무력화된다.

이를 해결하기 위해서는 단순한 임기 제한 규정만으로는 부족하다. 다음과 같은 제도 개혁이 시급하다:

1. 신설금고 합병 시 이사장 연임 제한 유효 유지: 합병으로 새 금고가 출범하더라도 기존 이사장의 연임 횟수는 누적되어야 하며, 새로운 이사장 자격이 자동 부여되지 않도록 법령을 명확히 개정해야 한다.
2. 이사장을 지낸 자는 상근이사로 복귀할 수 없도록 제한: 상근이사 경력을 통해 이사장직을 반복하는 편법을 막기 위한 조치가 필요하다.
3. 회원 직선제의 확대와 공정한 선거 관리: 대의원 간접선거가 아닌 전 회원이 참여하는 직선제를 전면화하고, 선거 부정 시에는 출마자격 영구 박탈 등 강력한 제재를 동반해야 한다.
4. 임기 중 중대한 사고 발생 시 연임 금지 조항: 횡령, 유용, 배임 등 중대 범죄가 발생한 금고의 이사장은 연임 자격을 제한하고, 징계 및 형사처벌과 별도로 조합 차원의 책임을 명확히 해야 한다.

이사장의 임기를 실질적으로 제한하는 제도 개혁은 단순한 인사제도를 넘어서, 새마을금고 전체의 공공성과 신뢰를 회복하는 첫 단추다. 더 이상 새마을금고가 '이사장 개인의 왕국'으로 불리지 않도록, 우리는 지금 행동해야 한다.

32절. 대의원제 폐지, 감사 선출의 투명성 확보

새마을금고의 구조적 병폐는 단순히 개인의 일탈이 아니라 제도적 허점에서 비롯된 측면이 크다. 그 중에서도 가장 근본적인 문제는 바로 "대의원제도"다. 대의원은 회원 전체를 대표하는 명분으로 존재하지만, 현실은 특정 이사장의 선거 기획에 따라 선발되고, 이후 감사 및 이사 선거에서도 이사장의 의중대로 움직인다. 결과적으로 이사장은 자신을 견제할 감사와 이사까지 사실상 "내정"할 수 있는 구조를 만들어 놓은 것이다. 이 구조는 민주주의의 외피를 쓴 전제군주제에 가깝다.

대의원제 폐지는 새마을금고 개혁의 핵심이다. 현재 일부 단위금고에서는 이사장 선거만 회원 직선제로 바꾸었고, 감사와 이사는 여전히 대의원이 선출하고 있다. 이는 근본적 개선이 아니다. 모든 임원직에 대한 선출권을 회원에게 돌려주어야만 비로소 이사장을 견제할 권력이 생긴다.

더불어 감사 선출의 투명성도 확보되어야 한다. 지금의 구조에서는 감사가 이사장의 측근이 되어 비위를 눈감아주는 경우가 비일비재하다. 감사 후보는 반드시 외부 인사로 구성된 자격심사위원회를 거쳐야 하고, 후보자 토론회 및 공개질의 절차를 의무화하여 회원들이 검증할 기회를 가져야 한다.

이사장의 권한이 집중된 금고 구조는 더 이상 용납될 수 없다. 감사는 금고의 윤리적 안전장치이자 내부통제 시스템의 핵심이다. 이사장에게 감사의 선출권을 실질적으로 맡겨놓은 현재의 대의원제는 새마을금고의 자정 능력을 원천적으로 마비시키고 있다. 이제는 이사장을 견제할 수 있는 진정한 내부 권력이 필요하다. 그것은 바로 회원들의 손에 있는 선거권을 회복하는 데서 시작된다.

　대의원제 폐지와 감사 선출의 개혁은 "견제와 균형"이라는 민주주의의 가장 기본적인 원리를 새마을금고에 되살리는 일이다. 그 첫걸음을 더 이상 미뤄서는 안 된다.

12장

감독개혁 – 금융감독원 이관을 위한 입법

33절. 행안부는 관리 불능

새마을금고는 태생부터가 서민을 위한 협동조합적 금융기관이다. 이런 특성을 감안해 정부는 새마을금고를 금융위원회나 금융감독원이 아닌, 행정안전부 산하의 특별법인으로 관리해 왔다. 그러나 그 선택이 지금의 위기를 만든 구조적 원인임이 명확히 드러나고 있다. 새마을금고는 더 이상 '행정기관'이 관리할 수 있는 수준의 조직이 아니다. 300조 원에 달하는 자산 규모, 1300여 개 단위금고, 2300만 명의 고객, 그리고 수십 조 원에 이르는 대체투자와 PF 대출은 이제 '행정'이 아닌 '금융'의 문제이다.

행안부는 재난대응, 지방자치, 주민등록 등 지역 행정을 총괄하는 부처다. 여기에 '금융기관'을 감독할 전문성이나 시스템이 있을 리 만무하다. 실제로 행안부는 새마을금고에 대한 사고 보고를 일선 금고가 자율적으로 보고해야만 알 수 있는 구조로 운영하고 있다. 이는 금융 리스크의 사전 예방이 불가능하다는 뜻이며, 사고가 터져야만 대응하는 사후 행정에 머물 수밖에 없는 체계를 의미한다. 즉, 감독이 아니라 접수 기능에 불과한 것이다.

예컨대 2023년 상반기만 해도 새마을금고에서 발생한 횡령·유용 사고만 수십 건이 넘는다. 그러나 이 사건들을 행안부는 파악하지 못하거나 뒤늦게 보고받았다. 대출 심사의 적정성, 내부통제 시스템, 투자결정 과정, 리스크 관리 등 금융기관 운영의 핵심은 행안부가 관여할 수 없는 사각지대에 놓여 있었다. 특히 PF 대출이나 해외 대체투자와 같은 고위험 상품에 대한 리스크 평가 기능이 전무하다.

더욱 심각한 문제는 새마을금고 중앙회와 행안부 간의 관계가 실질적인 '상명하복'이 아닌 '방임'에 가깝다는 점이다. 중앙회가 사실상 독립된 왕국처럼 군림하고, 행안부는 보고만 받을 뿐 개입할 근거와 권한이 미약하다. 법적으로는 감독기관이지만, 현실에서는 자문기관 수준에 머물고 있는 것이다. 중앙회장의 불법선거, 대체투자 실패, 고위직 금품수수 등 중대한 범죄와 비리에도 행안부는 한 발 늦은 뒷북 행정으로 일관해 왔다.

따라서 이제는 이 구조를 근본적으로 바꿔야 한다. 새마을금고의 감독권을 금융감독원으로 이관하고, 금융위원회가 정책적 방향을 설정하며, 금감원이 상시감독과 검사, 제재를 할 수 있도록 해야 한다. 금융기관의 핵심은 '신뢰'다. 그 신뢰는 엄격한 규율과 감시로부터 나오는 것이다. 행정안전부는 더 이상 그 역할을 감당할 수 없다. '관리 불능' 상태를 끝내기 위해, 국회는 즉시 관련 법 개정에 착수해야 한다.

34절. 금융기관으로서의 정체성 회복

새마을금고는 본디 서민과 지역 소상공인을 위한 협동금융기관으로 출발했다. 금융 소외 계층을 포용하고, 시중은행과 달리 따뜻한 금융을 실천하자는 뜻이 설립 정신에 담겨 있었다. 그러나 오늘날 새마을금고는 과연 스스로를 금융기관이라 부를 수 있는가?

문제는 정체성의 혼란이다. 새마을금고는 행정안전부 산하의 "비금융기관"처럼 취급되면서도, 실제로는 지역사회의 자산을 운용하고 고수익을 추구하며, 금융기관보다 더 큰 위험을 감수하고 있다. 이는 금융기관으로서의 책무는 지지 않으면서 금융기관 이상의 투자를 감행하는, 무책임한 이중적 태도다.

은행과 저축은행, 보험사, 증권사 등 1금융권 및 2금융권의 모든 금융기관은 금융위원회와 금융감독원의 엄격한 감독을 받는다. BIS 비율, 건전성 지표, 대출총량 규제, 리스크 평가 기준 등 각종 기준을 맞추지 못하면 제재를 받고 경영개선 명령을 받는다. 그러나 새마을금고는 '협동조합'이라는 명분 아래 이러한 제도적 통제를 피해가고 있으며, 이는 위험의 사각지대가 된다.

사실상 1금융권 못지않은 자산(300조원)을 운용하고 있음에도 불구하고, 금융기관으로서의 최소한의 책임과 의무조차 다하지 않는 현 체계는 반드시 바뀌어야 한다. 새마을금고는 이제 금융기관으로서의 정체성을 회복해야 한다. 이는 단지 외형상 이름이나 제도의 문제가 아니라, 예금자 보호, 투자 책임, 대출 심사,

윤리 경영 등 모든 영역에 걸쳐 책임 있는 조직으로 거듭나야 함을 뜻한다.

이를 위해서는 첫째, 감독기관을 금융감독원으로 이관하여 전문성과 연속성을 확보해야 한다. 둘째, 새마을금고법을 전면 개정하여 중앙회와 단위금고 모두에 동일한 금융기관 규율 체계를 적용해야 한다. 셋째, 이사장 선출 제도, 감사 제도 등 내부 견제 시스템을 재정비해야 한다.

금고는 '금(金)'을 다루는 곳이다. '사람'이 주인이어야 할 조직이 '돈'에 휘둘리면, 그곳은 더 이상 금융기관이 아니다. 새마을금고가 다시 서민의 벗으로, 신뢰받는 금융기관으로 거듭나기 위해서는 이제라도 정체성의 회복이 필요하다. 그 시작은 책임 있는 감독체계로의 전환이다.

35절. 200조 넘는 자산, 감시를 누가 할 것인가

　새마을금고는 전국 단위금고 1280여 개, 자산총액은 300조 원에 이른다. 이는 웬만한 시중은행과 맞먹는 규모로, 서민금융이라는 이름 아래 존재하는 조직임에도 불구하고 그 덩치는 이미 중형 금융기관을 뛰어넘었다. 문제는 이러한 자산의 규모에 걸맞은 감시와 통제가 이뤄지고 있느냐는 점이다.

　현재 새마을금고는 금융감독원이 아닌 행정안전부의 감독을 받고 있다. 이는 새마을금고가 금융기관이라기보다는 협동조합, 지역공동체 성격을 띠는 행정기구의 일환으로 간주되어 왔기 때문이다. 하지만 현실은 어떠한가? 새마을금고는 예금, 대출, 보험, 펀드, 대체투자 등 일반 금융기관 못지않은 다양한 금융상품을 취급하고 있다. 이미 실질적인 금융기관이며, 따라서 이에 상응하는 감독 체계가 마련되어야 함은 자명하다.

　그러나 행안부의 감독 역량은 턱없이 부족하다. 행안부는 새마을금고를 총괄할 금융 전문 인력을 보유하고 있지 않다. 실제로 대규모 횡령 사건, 부실 대출, 대체투자 손실 등이 터져도 사후 보고 위주로 대처하는 데 급급했으며, 선제적 점검이나 구조개혁적 조치를 취한 사례는 드물다.

　이러한 상태에서 300조 원에 이르는 자산이 제대로 관리될 수 있다고 기대하기 어렵다. 이 자산은 누구의 것인가? 앞서 말했듯이 자영업자, 서민, 노년층의 피 같은 예금이다. 이를 안전하게 지키기 위해서는 행정기관이 아니라 금융감독의 전문성과 독립성을 가진

기구의 상시 감독이 절대적으로 필요하다.

 국회는 이제 선택해야 한다. 새마을금고를 이대로 방치해 또 다른 '뱅크런' 사태를 맞을 것인가, 아니면 감시의 사각지대를 해소하고 300조 자산을 보호할 제도적 전환점을 마련할 것인가. 새마을금고는 더 이상 '행정안전부 소관의 협동조합'이 아니라, '금융감독원 감독 하의 서민금융기관'으로 전환되어야 한다. 이는 시대의 요구이며, 입법부의 책무다.

13장

금고개혁 – 1300여개 금고를 243개로 통합하라

36절. 조직 슬림화와 전문경영 체계 도입

　새마을금고는 현재 전국에 약 1,300개에 이르는 단위 금고가 운영되고 있다. 이는 대한민국 행정구역의 읍면동 수보다도 많다. 본래 새마을금고는 지역 밀착형 금융기관으로서, 마을 단위로 소액 예금과 소규모 대출을 지원하는 목적에서 출발했다. 하지만 시대는 변했고, 금융 환경은 디지털화와 전문화를 요구하고 있다. 이러한 현실 속에서 여전히 1,300여 개 금고가 각자 운영되고 있다는 것은 시스템의 낭비이자 비효율의 극치라 할 수 있다.
　단위 금고는 독립적인 법인격을 갖고 있으나, 일정 수준 이상이 되면 자체적으로 감시와 통제가 어려워지며, 중앙회조차도 실질적 감독력을 발휘하지 못하는 실정이다. 결과적으로 금고마다 제왕적 이사장이 출현했고, 종신 이사장제가 관행이 되었으며, 이로 인해 각 금고는 사금고화되어 부정, 부실, 불공정 운영이 반복되고 있다. 이 모든 구조적 문제는 금고 수가 지나치게 많고, 조직이 방만하게 운영된다는 데서 비롯된다.

이제는 새마을금고의 조직 자체를 근본적으로 재편해야 할 시점이다. 구체적으로는 전국 1,300여 개 금고를 광역 행정구역 단위인 243개 시군구 단위로 통폐합하여, 지역별 대표금고 체제로 운영하도록 해야 한다. 이는 단순한 수의 축소가 아니다. 각 금고의 자산과 인력을 통합해 규모의 경제를 실현하고, 중복 업무를 줄이며, 운영의 전문성을 높이기 위한 개혁이다.

더 나아가 통합된 금고에는 전문경영 체제를 도입해야 한다. 지금처럼 이사장이 지역의 유력 인사나 선거에 능한 사람으로 뽑혀 제왕적 권한을 행사하는 구조는 더 이상 지속되어선 안 된다. 경영과 금융, 회계, 리스크 관리에 전문성을 가진 인물이 책임경영을 할 수 있도록 이사장 자격 요건을 강화하고, 공모 및 평가 시스템을 제도화해야 한다.

조직의 슬림화와 전문경영 체계의 도입은 금고의 공공성과 투명성을 높이고, 새마을금고가 다시 서민의 금융기관으로서 신뢰를 회복하는 첫걸음이 될 것이다.

37절. 대내예치금의 구조를 투명하게

새마을금고의 구조적 문제 중 하나로 지목되는 것이 바로 '대내예치금' 제도다. 대내예치금이란 각 단위 새마을금고가 중앙회에 의무적으로 예치하는 자금으로, 이 금액은 전체 새마을금고 자산의 상당 비중을 차지한다. 현재 전체 새마을금고 수는 약 1300개에 달하고, 각 금고는 평균 수백억 원의 자산을 운용하고 있다. 이 중 약 350억 원 수준이 중앙회로 대내예치금 형태로 흘러들어간다는 추정은 놀라운 수치를 제시한다. 곧, 새마을금고 중앙회는 조 단위의 대규모 유동성을 자체적으로 확보하고 있는 것이다.

문제는 이 막대한 자금의 운용 구조와 감독 체계가 지나치게 불투명하다는 데 있다. 중앙회는 이 자금을 각종 금융 투자와 운영자금으로 활용하고 있지만, 그 투자 대상과 리스크 평가, 손익보고 등에 대한 정보가 각 단위 금고 및 회원에게 실질적으로 공유되지 않고 있다. 이는 회원 입장에서는 내 돈이 어디에 쓰이고 있는지 알 수 없는 상황이며, 단위 금고 입장에서도 수익률이나 안정성 평가 없이 중앙회에 자금을 예치하는 구조적 종속을 의미한다.

특히 문제는 중앙회가 이 대내예치금을 활용하여 PF대출, 부동산 대체투자, 해외 자산 매입 등 고위험 고수익 금융 상품에 투자해왔다는 사실이다. 그 결과가 600억 원 뉴욕 투자 손실, 태양광 프로젝트 회수율 35%, 물류센터에 대한 조 단위 투자와 같은 사례들이다. 이러한 실패의 손실은 고스란히 회원과 단위 금고에 영향을 미치게 되어 있다. 더욱 심각한 문제는 대내 예치금으로 인한 역마진 구조다. 중앙회는 예치금에 대해 연 2% 내외의 예금 이자만 지급하면 되므로, 대체 투자에서 일부 손실이 발생하더라도 전체 투자에서 2% 이상의 수익만 올리면 손실을 피할 수 있다. 그러나 지역 단위 새마을금고는 이로 인해 역마진이 발생하며, 결국 그 손실은 금고와 회원이 부담하게 되는 구조다.

이처럼 중앙회는 대내예치금을 통해 자금을 독점하고, 투자에 실패해도 실질적인 책임은 지지 않는 구조를 고수하고 있다. 단위 금고는 중앙회의 투자 결정에 아무런 영향력을 행사할 수 없고, 회원은 자신의 돈이 어디에 쓰이는지 알 수 없으며, 책임자는 결국 누구도 명확히 드러나지 않는 이 구조가 바로 새마을금고의 사금고화를 가능하게 한 기반이다.

이제는 대내예치금 제도를 투명하게 개편해야 한다. 첫째, 중앙회의 대내예치금 운용에 대한 분기별 보고서를 각 금고 및 회원에게 의무적으로 제공해야 한다. 둘째, 대내예치금으로 투자되는 프로젝트는 사전 공개 및 사후 평가가 의무화되어야 한다. 셋째, 일정 금액 이상의 투자 결정은 중앙회 이사회 뿐만 아니라 단위 금고 대표들이 참여하는 특별심의위원회를 통해 의결해야 한다.

대내예치금은 중앙회의 권한이 아니라, 회원들의 신뢰로 모인 공공자산이다. 이 자산을 불투명하게 운용하거나 사적 이익의 도구로 사용하는 순간, 새마을금고는 공적 금융기관으로서의 존재 이유를 상실하게 된다. 이제는 회원 중심의 투명한 운용 구조로 전환할 때다.

38절. 중앙회 집중구조 해체를 위한 로드맵

　새마을금고의 중앙회는 '중앙조직'이라는 이름으로 전국 1,300여 개의 단위금고로부터 막대한 권한과 자금을 위임받고 있다. 대내예치금, 교육, 감사, 인사, 보험, 대출 등 거의 모든 기능이 중앙회로 집중되어 있는 구조이다. 이러한 집중구조는 제도의 취지상 일정 부분 불가피한 측면이 있지만, 현실에서는 견제받지 않는 권력이 되어버렸다. 그 결과 중앙회는 통제를 벗어난 운영을 자행했고, 그 피해는 단위금고와 회원에게 돌아갔다.

　박차훈 회장 체제에서 벌어진 각종 범죄와 비위, 투자 실패 사례는 중앙회 집중구조의 위험성을 명백히 드러낸다. 중앙회는 회원에 의한 직접 감시가 어려운 구조이며, 실질적 감시는 오히려 권한을 쥔 이사장들과의 유착관계를 통해 무력화되기 십상이었다. '감독 없이 돈을 움직이는 조직'이 되면 부패는 필연적이다. 이를 해체하고, 권력을 분산시켜야만 제2, 제3의 박차훈 사태를 막을 수 있다.

　중앙회 집중구조를 해체하기 위한 개혁 로드맵은 다음과 같다.

1. 기능별 분권화:

　대내예치금의 관리 권한 일부를 지역금고 연합체 또는 독립적 외부 수탁기구에 분산한다.

　감사, 교육, 리스크 관리 기능은 독립된 위원회 또는 외부 전문가 그룹에 위임한다.

2. 의사결정의 분산화:

현재 중앙회 이사회가 독점하고 있는 중요한 투자결정, 인사, 규정 제정 권한을 3중 견제 장치(이사회-감사위-회원 공시)로 분산한다.

중앙회장의 권한을 축소하고, 상근이사 등 임원 간 권한 균형을 도입한다.

3. 회원 직접 통제 장치 마련:

회원 총회를 통한 주요 사안 보고 및 결의 절차 강화

회원 1% 이상의 연서명으로 중앙회장 및 이사 해임 발의 가능하도록 제도 신설

4. 회계와 정보의 투명화:

연 1회 회계감사 결과를 모든 회원에게 열람 가능하도록 의무화

중앙회의 모든 자산운용 내역과 투자성과를 온라인 공개 시스템을 통해 주기적으로 공시

이러한 로드맵이 실현되기 위해서는 정치권의 입법 개입도 필요하지만, 더 중요하게는 회원들의 각성이다. 돈을 맡긴 주체가 감시하지 않으면, 그 돈은 반드시 눈 먼 돈이 된다. 이제는 '우리 돈은 우리가 지킨다'는 회원 주권의 시대를 열어야 한다.

14장

국민의 행동 - 나부터 바꾸는 시민 개혁

39절. 내가 다니는 금고를 점검하자

"당신이 다니는 새마을금고, 안심하실 수 있습니까?"

새마을금고는 국가기관이 아닙니다. 금융위원회나 금융감독원의 감독을 받지 않으며, 금융기관 중 유일하게 행정안전부 소속이라는 독특한 위치에 놓여 있습니다. 예금자보호도 예금보험공사가 아닌 자체 기금으로 운영되고 있습니다. 이 사실만으로도 새마을금고 이용자라면 각별한 주의가 필요합니다.

이제는 금고를 점검해야 할 때입니다. 단지 예금 이자가 조금 높다는 이유로, 집 근처라서 편리하다는 이유로 이용해 왔다면, 지금부터는 당신의 금고가 얼마나 투명하게 운영되는지, 부실 징후는 없는지 직접 확인해야 합니다.

금고 자가진단 체크리스트는 다음과 같습니다:

- ✓ 이사장은 언제부터 몇 년째 재임 중인가? 3연임(12년)을 넘긴 장기 집권은 아닌가?
- ✓ 이사장, 감사, 이사 선거는 회원 직선제로 이루어지는가, 아니면 대의원 몇 명에 의해 결정되는가?
- ✓ 최근 3년간 금고의 배당률은 몇 %인가? 회원에게 제대로 배당하고 있는가?
- ✓ 금고 홈페이지에 최근 경영공시자료가 투명하게 올라와 있는가?
- ✓ 금고 이사장이 자신의 친인척이나 지인을 채용한 사례가 있는가?
- ✓ 금고의 대출연체율은 낮은가? 혹시 PF(프로젝트 파이낸싱) 대출 비중이 과도하지는 않은가?
- ✓ 금고 내 감사기능은 실질적인 역할을 하고 있는가?

만약 위 질문 중 두세 개 이상에서 문제가 발견된다면, 해당 금고는 내부 통제가 약하거나 이미 이사장의 사금고화가 진행되고 있을 가능성이 높습니다.

금고를 바꾸는 가장 강력한 수단은 고객이자 회원인 국민의 행동입니다. 금고를 떠나는 것도 하나의 방법이지만, 더욱 강력한 방법은 회원으로서 목소리를 내고 개혁을 요구하는 것입니다. 총회에 참석하고, 직선제 도입을 촉구하고, 감시 단체와 연대하며 개별 금고의 정상화에 나서는 것, 그것이 바로 "나부터 시작하는 개혁"입니다.

우리는 이제 똑똑한 고객이 되어야 합니다. '눈 먼 돈'이 굴러다니는 시스템을 바꾸려면, 내가 다니는 금고를 감시하는 것부터 시작해야 합니다.

40절. 회원으로서의 권리와 참여

새마을금고의 주인은 누구인가? 겉으로는 회원이라 말한다. 그러나 실제로 회원으로서의 권리를 제대로 행사하는 사람은 몇이나 되는가? 대부분은 예금만 맡기고 대출만 이용할 뿐, 회원총회에 한 번도 참석해 본 적 없는 '무관심한 소유자'다. 이 같은 구조는 부패와 전횡이 자라나는 가장 비옥한 토양이 되어 왔다.

새마을금고법은 회원에게 선거권과 피선거권, 총회 출석 및 의결권, 회계 보고 청취권 등을 부여하고 있다. 하지만 실상은 대의원 중심의 간접민주주의 구조가 굳어져 있어 회원이 의사결정에 직접 참여할 수 있는 통로는 차단되어 있다. 심지어 일부 금고에서는 회원의 명부조차 제대로 관리하지 않거나, 총회 일정조차 공개하지 않는 일이 벌어지고 있다.

이제는 바뀌어야 한다. 회원으로서의 권리를 실질적으로 행사할 수 있어야 하며, 이를 위한 제도적 장치도 마련돼야 한다. 예를 들어 다음과 같은 개선이 필요하다.

- 총회 공고 의무화 및 문자, 이메일 등을 통한 실시간 공지 시스템 구축
- 모든 회원에게 회계자료 및 사업계획서 정기 송부
- 회원 제안제도 도입 및 총회 안건 상정 절차 간소화
- 회원 교육 프로그램 운영을 통한 권리의식 제고

회원은 단지 고객이 아니다. 금고를 함께 운영하고 책임지는 공동의 주체다. 회원이 각성하고 행동할 때, 새마을금고는 진정한 금융협동조합으로 다시 태어날 수 있다. 권리를 외면하면 통제받지 않는 권력자만 생겨난다. 권리를 행사하면 비로소 금고는 공공의 이익을 위한 금융기관으로 기능할 수 있다.

이제는 회원 스스로가 행동할 때다. 우리가 우리의 돈을 지키는 첫 번째 방패다.

41절. 내부 고발과 시민감시단의 역할

새마을금고의 개혁은 더 이상 내부 시스템에만 의존해서는 이뤄질 수 없다. 지난 수년간 드러난 각종 부패와 비리는 내부 통제장치가 사실상 무력화되었음을 보여주었고, 이사장과 임원들이 조직을 사유화하고 있다는 현실은 외부의 적극적인 개입 없이는 변화가 어렵다는 점을 분명히 한다.

이런 상황에서 내부 고발자(whistleblower)의 존재는 결정적인 전환점이 될 수 있다. 내부 사정을 누구보다 잘 아는 직원이 양심에 따라 문제를 알리고, 공익을 위한 행동에 나설 때 비로소 숨겨진 비리가 세상에 드러난다. 실제로 본 시민단체가 조사한 수많은 사례 중에서도 중요한 단서가 내부 직원의 고발로부터 시작된 경우가 많았다.

하지만 현실은 냉혹하다. 내부 고발자는 조직 내에서 왕따가 되기 십상이며, 인사상 불이익, 심지어 해고로 이어지는 경우도 있다. 따라서 내부 고발자의 보호는 법적, 제도적으로 반드시 뒷받침되어야 한다. '공익신고자 보호법'의 실질적 적용과 함께, 새마을금고 중앙회 내부에도 자체 보호시스템이 도입되어야 한다.

시민감시단의 역할 또한 중요하다. 시민감시단은 금고 이용자인 회원, 지역 주민, 전문가들이 모여 금고의 운영 실태를 감시하고 문제를 공론화하는 자발적인 감시 조직이다. 이들은 회원 총회에서 발언권을 행사하고, 감사 선출과 이사장 직선제에 대한 감시활동을 하며, 금고의 주요 투자 및 대출이 적정했는지를 점검하는 역할을 맡을 수 있다.

본 시민단체는 이미 몇몇 지역에서 시민감시단의 시범운영을 시작하였으며, 고발 채널을 익명으로 운영하고, 고발자의 신원보호와 사후지원 체계를 구축하는 활동을 전개하고 있다. 이는 단순한 제보 창구를 넘어서, 서민금융의 투명성을 높이는 핵심 수단이 될 수 있다.

이제는 내부 고발자와 시민감시단을 제도적으로 보호하고 육성할 국가적 정책이 필요하다. 그것이야말로 '눈 먼 돈'을 다시 국민의 돈으로 되돌리는 실질적 첫걸음이기 때문이다.

15장

다시 금융의 신뢰로 - 대한민국 서민금융의 미래

42절. 진짜 서민금융이란 무엇인가

　서민금융은 단순히 소액대출과 저금리 서비스를 제공하는 차원을 넘어선다. 그것은 사회적 약자, 자영업자, 일용직 노동자, 고령층 등 기존 금융 시스템으로부터 소외된 이들에게 실질적인 금융 접근성과 회복 가능성을 보장해주는 사회안전망이다. 대한민국이 진정한 복지국가를 지향하려면, 공공성을 지닌 서민금융의 기준부터 다시 세워야 한다.

　지금까지의 서민금융은 제도적으로 중층화된 관료주의에 둘러싸여 있거나, 정치적으로 이용되기 쉬운 구조 속에 놓여 있었다. 새마을금고가 대표적인 사례다. 설립 목적은 고귀했다. 지역공동체 중심의 자조적 금융을 통해 국가경제에 이바지하고, 서민들에게 신용을 기반으로 한 자립의 기회를 제공한다는 명분이었다. 그러나 시간이 흐르며 그 제도는 이사장 종신제, 사금고화, 불투명한 감사 시스템, 대체투자 중심의 탐욕적 운영 등으로 변질되었다. 결국 서민의 돈이 누군가의 사익을 위한 '눈 먼 돈'으로 전락하는 사태를 낳았다.

이제 서민금융의 기준은 다음과 같이 재정의되어야 한다. 첫째, 투명성과 공공성이 가장 우선하는 경영 시스템이다. 이사장의 임기제한, 직선제 강화, 외부 감사제도 도입, 정보 공개의무 확대는 그 기초가 되어야 한다. 둘째, 지역사회와 회원이 함께 감시하고 참여하는 민주적 구조다. 대의원제가 아니라 회원 직접 참여 구조로 전환해야 하며, 회원의 권리를 실질적으로 보장하는 체계가 필요하다. 셋째, 고위험 투자를 억제하고 실물경제에 기여하는 안정적 금융 상품과 대출 중심으로 운영되어야 한다.

진짜 서민금융은 '신뢰'라는 비가시적 자산 위에 세워져야 한다. 고객의 돈을 자신의 돈처럼 아끼고, 금융의 사회적 역할을 잊지 않는 윤리적 태도가 기반이 되어야 한다. 공공성과 시장성이 충돌할 때, 서민금융은 항상 공공성의 손을 들어줘야 한다. 그것이야말로 서민금융이 존재하는 이유이며, 대한민국 금융이 다시 국민의 신뢰를 얻는 출발점이 될 것이다.

43절. 사금고에서 공적 금융기관으로

진정한 서민금융은 투명한 구조, 공정한 절차, 책임 있는 경영을 기반으로 해야 한다. 새마을금고는 본래 마을 사람들의 상호부조에서 출발한 공동체 기반의 금융기관이다. 그러나 오늘날의 새마을금고는 본질에서 멀어졌다. 이사장 종신제와 대의원 독점 구조, 중앙회의 집중 권한, 투자 실패의 무책임한 전가 등은 새마을금고를 공적 금융기관이 아닌, 특정 인사의 사금고처럼 만들어 버렸다.

이제는 전환이 필요하다. 새마을금고는 더 이상 특정인의 정치적 사다리나 자산 축적의 도구가 되어서는 안 된다. 서민의 피 같은 돈을 예금하고 대출하는 기관이, 수백억 단위의 부실 투자와 횡령, 그리고 도덕적 해이로 얼룩져서는 안 된다.

이를 위해 가장 먼저 필요한 것은 정체성의 회복이다. 새마을금고는 "공적 금융기관"으로서의 역할을 분명히 해야 하며, 이에 맞는 법적, 제도적 장치를 마련해야 한다. 금융감독원 산하의 철저한 감독, 예금보험공사와 같은 외부 보호체계의 도입, 중앙회의 투자책임에 대한 구상권 규정 등은 필수적인 과제다.

또한, 금고 단위의 운영도 개별 금고장의 전횡을 막기 위해 투명성과 회원의 참여를 대폭 확대해야 한다. 감사와 이사, 그리고 이사장의 선출 과정에 회원 전원이 참여할 수 있도록 하고, 각종 투자 및 대출의 결정 과정도 회원에게 일정 부분 공개되어야 한다.

공적 금융기관으로의 전환은 하루아침에 이루어지지 않는다. 그러나 그 전환을 선언하고 실천하는 순간, 새마을금고는 다시금 서민의 친구로, 지역경제의 든든한 버팀목으로 거듭날 수 있을 것이다. 사금고라는 오명에서 벗어나, 진정한 공공성과 신뢰의 금융기관으로의 길, 그것이 지금 우리가 서야 할 자리다.

44절. 신뢰 회복의 조건들

새마을금고의 위기는 단순한 금융사고가 아니라 신뢰의 총체적 붕괴에서 비롯되었다. 이제 서민금융기관으로서 새마을금고가 다시 국민의 신뢰를 얻기 위해서는 단순한 제도 개선이나 인물 교체 수준을 넘어서는 본질적 변화가 필요하다. 이 절에서는 새마을금고가 회복해야 할 핵심 가치와 신뢰 회복의 조건들을 정리한다.

1. 책임 경영과 공개 경영

신뢰의 기본은 투명성이다. 의사결정 과정이 폐쇄적이고 이사장의 전횡이 가능하다면 어떤 개혁도 무의미해진다. 따라서 금고 운영의 주요 사항은 회원에게 실시간 공개되어야 하며, 모든 투자와 예산 집행에 대해 책임자가 실명으로 책임을 지는 구조가 되어야 한다. 연간 단위의 감사를 넘어, 분기별 실적과 의사결정 과정을 홈페이지 등에 공개하는 체계가 필요하다.

2. 회원 중심의 민주주의 실현

새마을금고는 회원의 돈으로 운영된다. 그럼에도 회원은 이사장 선거에조차 참여하지 못하는 경우가 많았다. 회원 직선제의 확대는 신뢰 회복의 핵심 열쇠다. 더 나아가 회원이 실질적인 정책 결정에 참여하고, 임원 인선에도 감시권을 행사할 수 있는 구조가 마련되어야 한다. 회원 교육과 정보 접근권도 함께 강화되어야 한다.

3. 내부 고발자 보호와 외부 감사의 독립성

어떤 조직이든 잘못을 드러낼 내부의 목소리를 억압하면 부패는 필연이다. 새마을금고는 내부 고발자에게 불이익을 주는 기존의 문화와 철저히 결별해야 한다. 내부 제보 시스템은 중앙회와 완전히 독립된 외부 기관이 운영하도록 하며, 제보자는 법적으로 보호받아야 한다. 또한 외부 감사도 중앙회 인사가 아닌 금융감독원 등 독립된 기관이 직접 수행해야 한다.

4. 이익 공유와 공공성 강화

새마을금고는 영리기관이 아니다. 이익의 일부는 회원에게 환원되며, 일부는 지역 사회공헌에 사용되어야 한다. 사회적 약자 지원, 청년 주거, 지역 소상공인 금융 지원 등 공공성을 실현하는 프로그램을 강화함으로써 금고 본래의 설립 목적을 되살릴 수 있다. 공공성을 우선시하는 경영이야말로 장기적으로 신뢰를 얻는 가장 강력한 방식이다.

5. 중앙회부터 먼저 개혁되어야

개별 금고의 개혁도 중요하지만, 중앙회 개혁 없이는 절대적인 변화가 일어나지 않는다. 중앙회가 단위금고의 자율성과 창의성을 억압하지 않고, 감시와 지원이라는 본래의 기능에 충실할 때 비로소 전국 금고 전체의 신뢰가 회복될 수 있다. 중앙회의 의사결정구조도 현재의 폐쇄형에서 탈피하여 공개형, 분권형 구조로 전환되어야 한다.

새마을금고는 대한민국 서민금융의 역사와 함께해 왔다. 그 신뢰가 허물어진 지금, 다시 시작하기 위해선 과거와 단절하는 용기와 함께, 본래의 정신을 회복하는 철저한 자기 반성이 필요하다. 신뢰는 제도로만 회복되지 않는다. 사람과 문화, 태도가 함께 바뀔 때에만 다시 회복될 수 있다.

45절. 시민운동과 정책 연대를 통한 실천

새마을금고 개혁은 단순히 하나의 금융기관을 바로잡는 일에 그치지 않는다. 이것은 곧 한국 사회의 기초 신뢰를 다시 세우는 일이며, 서민금융을 중심으로 형성된 경제 공동체의 건강성을 되찾는 싸움이다. 그리고 이 싸움은 반드시 시민과 함께 해야 한다.

지금까지 새마을금고 개혁을 위해 수많은 성명서와 서신, 탄원서와 고발장이 쓰였지만, 그것만으로는 부족하다. 구조를 바꾸고 문화를 개혁하는 일에는 국민 모두의 인식과 참여가 필요하다. 특히 회원 중심의 지역 금융이라는 새마을금고의 태생적 특성은, 시민운동이 가장 강력하게 작동할 수 있는 토대를 제공한다. '내 금고를 내가 지킨다'는 인식 전환이 필요하다.

첫째, 전국 각지에 시민감시단을 구성해야 한다. 시민감시단은 지역 새마을금고의 운영 실태를 감시하고, 문제점을 수집하여 중앙에 보고하는 역할을 할 수 있다. 단순한 민원 접수 수준이 아니라, 공공 감시체계를 수평적으로 구현하는 것이며, 이는 지역 언론 및 시민사회단체와 연계하여 제도화할 수 있다.

둘째, 국회와의 연대가 필요하다. '서민금융선진화시민연대'를 비롯한 시민단체들이 공동으로 국회 정무위원회 및 행정안전위원회 소속 의원들과 정책 간담회를 열고, 새마을금고법 개정안, 금융감독원 이관 문제, 감사 선출 투명성 강화 등 주요 입법 과제를 직접 제안하고 모니터링해야 한다. 입법은 결국 정치의 영역이며, 국민의 압력과 사회적 공론이 뒷받침될 때 비로소 가능해진다.

셋째, 정책 대안의 생산과 교육도 병행되어야 한다. 시민운동은 비판에서 그쳐서는 안 된다. 지역 금융의 미래를 위한 연구, 외국 사례의 비교, 지방자치단체와 협력 가능한 정책모델의 제안 등 구체적인 청사진이 필요하다. 이를 위해 금융전문가, 법률가, 회계사, 교수 등 전문가 네트워크와 연계한 정책포럼을 정례화해야 한다.

넷째, 청년과 서민, 특히 전세사기 피해자들과의 연대가 매우 중요하다. 새마을금고의 PF대출과 연계된 전세사기 피해는 단지 부동산의 문제가 아니라 금융구조의 문제다. 피해자들은 고립되어서는 안 되며, 이들의 목소리를 제도 개혁의 출발점으로 삼아야 한다. 시민단체는 이들을 위한 법률지원과 공동대응 체계를 마련해 주어야 한다.

마지막으로, 온라인 기반의 캠페인과 홍보가 중요하다. 블로그, 유튜브, 카드뉴스, 짧은 영상 등을 통해 국민들에게 '새마을금고의 진실'을 널리 알려야 한다. 눈 먼 돈의 구조, 종신제의 실태, 투자 실패의 전모 등을 알기 쉽게 시각화하여 전국민적 공감대를 형성해야 한다. 국민의 분노가 곧 개혁의 에너지다.

새마을금고 개혁은 정권의 문제가 아니다. 정당의 문제가 아니다. 이것은 시민이 주도하는 금융정의의 문제이며, 국가의 근간을 지키는 일이다. 우리가 이 개혁을 멈춘다면, 다음의 금융참사는 더 거대하고, 더 치명적일 것이다.

이제 우리는 '시민의 연대'와 '정책의 실천'이라는 두 날개로, 새마을금고 개혁의 마지막 관문을 넘어야 한다. 그날, 우리는 되찾은 신뢰와 정의의 이름으로 다음 세대에게 당당히 말할 수 있을 것이다. "우리는 우리 돈을, 우리가 지켰다."

새마을금고
눈 먼 돈

새마을금고

눈먼 돈

- 《〈유전무죄, 무전유죄 비난 받는 광주 지방법원은 더 이상 재판할 자격이 없다〉》   125
- 이것이 유전무죄(有錢無罪)입니까, 유전무죄가 아닙니까?   127
- 대한민국 헌법재판소 소장이셨고, 현재 법무법인 [민주]의 대표인 이진성 변호사님께,   131
- 광주지검 조재철 검사에게 묻습니다!   133
- 국회 행정안전위원회 위원 그리고 일선 새마을금고 임직원 귀하   136
- 대구·양산 PF 부실 대출 2800억 사태   139
- [입장문] "새마을금고 돈은 눈먼 돈인가?"   142
- [입장문] "이사장님 댁에서 일하는 겁니까?"   144
- 박차훈 중앙회장을 향한 검찰 수사의 칼끝!!!   150
- 금융범죄와 대체자산 투자, 새마을금고의 변화를 위한 촉구   152
- 새마을금고중앙회, 이렇게 해야 정상적으로 운영할 수 있다.   155
- 새마을금고중앙회 이사진에 보낸 내용증명   160
- 새마을금고 사태는 행안부 책임이 크다!   166

부록

서민금융선진화시민연대 발표 문건 모음

- 박근혜 탄핵안 인용 이진성 변호사는 선거법 위반 재판에서 유전무죄, 전관예우의 당사자 아닌가! 169
- 새마을금고 이사장 종신제, 더 이상 안돼! 금융범죄 솜방망이 처벌도 그만, 중형 선고해야! 172
- 〈특집〉 새마을금고! 이런 작태로 과연 살아 남을 수 있겠습니까?
  – 횡령사고의 원인, 사금고화 현상 175
- 안경묵 대표와 함께하는 새마을금고개혁TV, 아주 큰 성과를 냈습니다. 182
- 박차훈 전 중앙회장이 골라 쓴 류혁 신용공제 대표이사의 1% 알선비 51억 사건 184
- 전세사기 대출! 새마을금고 개혁을 외면하는 국회가 책임져라. 186
- 전국 1280개 새마을금고는 행정구역 단위인 243개로 통·폐합 되어야 합니다. 189
- 인천 미추홀구는 더 이상 새마을금고를 방치하지 말고 특별한 대책을 강구하라. 193
- 새마을금고 부정부패의 온상인 대의원제도를 반드시 없애야 합니다! 198
- "편법 4연임 새마을금고 이사장 선거, 즉각 무효화하고 재선거를 실시하라" 201
- 사법당국은 책임자를 엄정 수사하고 강력히 처벌하라 201

<<유전무죄, 무전유죄 비난 받는 광주 지방법원은 더 이상 재판할 자격이 없다>>

45만원 금품을 돌린 낙선자에게는 벌금 100만원, 대법원 판결까지 신속히 확정되었으나,
그보다 33배나 많은 1,540만원을 사용한 당선자에게는 1심에서 벌금 80만원이라는 경미한 판결이 내려졌습니다.
더욱 큰 문제는, 4년이 지난 지금까지도 2심 재판이 진행 중이라는 사실입니다. 그 사이, 당선자는 임기를 다 채운 후 재선에 성공하여 새마을금고 중앙회 회장직을 역임하고 있습니다. 바로 박차훈입니다.
이 사건은 유전무죄 무전유조의 대표적인 사례라 할 수 있습니다. 박차훈이 당선된 새마을금고 중앙회장 선거는 2018년 2월 2일, 중앙선거관리위원회의 관리 하에 실시되었습니다. 이 선거에서 350명의 대의원 중 박차훈 후보는 128표를, 김영재 후보는 109표를 얻었습니다. 1위와 2위의 표 차이는 단 19표에 불과했습니다. 그러나 박차훈은 선거 직전인 2017년 9월부터 2018년 1월까지, 대의원 93명 등 110명에게 명절 선물과 골프장 이용권을 포함해 1,546만원 상당의 금품을 제공한 혐의로 기소되었습니다. 놀랍게도 박차훈이 얻은 128표와 제공한 뇌물의 수는 거의 일치합니다. 이는 박차훈의 선물 제공이 선거 결과에 결정적인 영향을 미쳤음을 강하게 시사합니다 이는 매우 심각한 선거법 위반에 해당합니다.
그럼에도 불구하고 1심 재판부는 검찰이 구형한 징역 1년 6개월을 무시하고, 80만원의 벌금형을 선고했습니다. 이는 면죄부와 다름없습니다.

당시 박차훈의 변호는 이재명 경기지사, 김경수 전 경남지사 등을 변호한 법무법인 LKB가 맡았습니다. (김경수 전 경남지사는 선거법 위반과 여론조작으로 처벌을 받았음에도 불구하고 선거법 무죄 판결을 받았습니다.) 정권 교체 이후, 박차훈은 즉시 LKB를 해임하고, 윤석열 당선인 인수위원회에 활동한 변호사가 소속된 법무법인 유한으로 변호를 맡겼습니다. 현재는 전직 헌법재판소장이 공동 변호인으로 참여하고 있습니다. 이 정도면 상상할 수 없을 정도의 높은 비용이 수반될 수밖에 없습니다. 전관예우를 넘어 재판 거래의 의혹도 제기되지 않을 수 없습니다.

반면, 낙선한 후보는 45만원 어치의 금품을 제공한 혐의로 1심, 2심, 대법원까지 판결이 확정되었습니다. 그 결과, 벌금 100만원이 선고되었으며, 이는 당선이 되었다면 당선 무효에 해당하는 무거운 판결입니다.

당선자 박차훈은 유전무죄, 낙선자는 무전유죄라는 극단적인 판결을 받은 셈입니다.

이런 일이 어떻게 일어날 수 있는지 도저히 납득할 수 없습니다. 이에 본 시민단체는 2심 재판부에 엄중히 경고합니다. 박차훈 새마을금고 중앙회장의 2심 판결이 법원의 법치 파괴와 자해 행위로 이어지지 않도록, 엄격하고 공정한 판결을 내리기를 강력히 요청합니다. 만약 2심에서도 당선 무효형을 피한 봐주기 판결이 계속된다면, 국민들이 기대하는 공정한 선거에 대한 신뢰는 크게 무너질 것입니다.

또한, 공정과 상식의 회복을 바라는 국민들은 "전관예우"라는 잘못된 관행의 철폐를 강력히 요구할 것입니다.

2022년 5월 30일

이것이 유전무죄(有錢無罪)입니까, 유전무죄가 아닙니까?

김태호 판사는 2021년 1월 27일, 새마을금고법 위반 재판의 담당 판사입니다. 박차훈 후보에게 벌금 80만원을 선고한 판사입니다. 이 판결은 유전무죄로 생각할 수 밖에 없습니다. 왜 그런지 본 시민단체가 신문에 낸 광고를 참고해 주십시오.

(신문광고의 내용을 아래와 같이 서술)

낙선자 이계명 후보의 경우

검찰 구형이 100만원입니다. 그런데 선고 역시 100만원이었고, 이것이 2심과 대법원 확정판결로 이어졌습니다.

이계명 후보는 선거를 앞두고 45만원 상당의 금품 향응을 제공한 범죄 사실이 인정되었습니다.

비타민C 13박스를 선거권자인 대의원 11명에 제공한 혐의입니다.

판결문에는 이렇게 기록되어 있습니다.

"선거 관련 금품 제공은 선기의 공정성과 투명성을 심각하게 훼손하는 것으로 죄질 불량하고, 엄벌할 필요가 있다."(2018년 11월 8일, 선거 후 9개월 만에 신속하게 1심 판결이 진행되었습니다.)

당선자 박차훈 후보의 경우

검찰 구형은 무려 1년 6개월의 징역형입니다. 사실 검찰 구형이 적당한 양형입니다. 그런데 어찌된 일인지 광주지방법원 김태호 판사는 벌금 80만원을 선고하고 말았습니다. 그것도 선거가 끝난지 3년여가 된 시점입니다. 낙선자의 재판이 9개월만에 신속하게 진행된 것과는 아주 큰 차이가 있습니다.

이것은 명백하게 박차훈 당선자를 봐주기 위한 판결이자, 유전무죄로 의심받는 판결입니다.

왜냐면 박차훈 후보는 이계명 후보에 비해 불법비용은 서른 배가 넘게 썼습니다.

볼까요? 판결문에 있는 내용 그대로입니다.

- 선거권이 있는 대의원 16명 및 非대의원 14명에게 합계 4,950,000원 상당의 국내산 송이버섯을 배송하여 제공
- 선거권이 있는 대의원 25명에게 합계 1,250,000원 상당의 그릇 및 포크 세트를 배송하여 제공
- 선거권이 있는 대의원 51명 및 非대의원 3명에게 합계 2,700,000원 상당의 과일세트를 배송하여 제공
- 선거에 영향이 있는 회원에게 총 10회에 걸쳐 합계 656만 원 상당의 그린피를 지불하지 않고 골프를 칠 수 있게 함.

요약하면

선거권이 있는 대의원 92명과 비대의원 18명에게 송이버섯, 그릇 선물세트, 과일세트, 골프회원권 등 1,546만원 상당을 제공했습니다.

광주지방법원 김태호 판사가 판결문에서 밝힌 양형의 이유는 기가 차서 말도 나오지 않습니다. 보실까요?

피고인이 당선될 목적으로 새마을금고의 회원들에게 금품 등을 제공한 행위는 선거의 공정성을 해치는 행위로서 그 죄책이 가볍지 않다. 다만, 부정선거운동과 관련하여서는 피고인이 단순한 지지를 호소하는 발언을 한 것에 불과하고, 금품제공 행위와 관련하여서는 평소 친분이 있는 사람들에게 대한 의례적인 명절선물교부로서의 성격도 일부 있는 것으로 보인다.

특히 피고인이 벌금 100만 원 이상의 형의 선고를 받게 되면 중앙회장의 신분이 상실되어 재선거를 하여야 하는바, 이 사건 범행의 위법성의 정도와 피고인이 받는 불이익을 비교 형량하여 볼 때, 피고인에게 당선무효의 형을 선고하여 새마을금고 중앙회장의 직위를 상실하게 하는 것은 지나치게 가혹하다고 판단된다

광주지법 김태호 판사를 국민께 고발합니다.

2018년에 실시된 새마을금고 중앙회장 선거에서 낙선자는 불법비용 45만원을 쓰고 100만원을 선고받아 기존의 새마을금고 이사장직에서도 쫓겨났습니다. 판결문의 양형이유는 "죄질 불량, 엄벌할 필요"입니다. 그러나 당선자는 불법비용 1,546만원을 쓰고도 1심의 선고가 80만원에 불과해서 4년 임기를 채웠고 지금은 재선에 성공했습니다. '평소 친분이 있는 사람들에게 의례적인 명절선물, 100만원 이상은 중앙회장 직위를 상실하니 지나치게 가혹하다'는 김태호 판사의 양형이유는 도저히 납득할 수 없습니다. 그런 새마을금고에서 최근, '없는 다이아몬드'를 담보로 380억을 대출해주는 대형사고가 터졌습니다. 박차훈 새마을금고 중앙회장은 文정권 시절 '유력 정치인의 선거법 무죄 제조기'로 소문난 고액수임료 호화변호인(로펌)을 선임했습니다. 정권이 바뀌자 변호인부터 바꾼 박차훈입니다. 그런 것들이 효과가 있었던지 4년 5개월이 지난 지금도 겨우 2심 재판중입니다. 국민여러분! 광주지방법원에서 7월 21일에 박차훈 새마을금고 중앙회장에 대한 2심 판결이 나온다고 합니다. 또 재판을 미루는지, 4년이 지난 지금도 증인이 더 필요한지, 즉 "돈의 힘"이 계속되는지! 지켜보겠습니다.

2022년 7월 15일

서민금융선진화시민연대

대한민국 헌법재판소 소장이셨고,
현재 법무법인 [민주]의 대표인 이진성 변호사님께,

이것이 유전무죄입니까? 유전무죄가 아닙니까?

석 달 전, 귀하께서 새마을금고 중앙회장 박차훈의 변호인으로 선임되셨다는 사실을 확인했습니다. 이에 대해 공개질의 드립니다.

첫째, 박차훈의 1심 판결이 벌금 80만원으로 선고되었습니다. 이는 유전무죄에 해당합니까, 아니면 그렇지 않습니까? (벌금이 100만원에 미치지 않아 중앙회장직을 유지하고 있는 상황입니다.)

둘째, 이처럼 판이하게 다른 재판 결과가 과연 정당하다고 보십니까? 아니면 잘못된 판결이라고 생각하십니까? 이로 인해 일반 국민들은 사법부가 스스로 불신을 초래했다고 보고 있습니다. 이에 대해 귀하의 의견은 무엇입니까?

셋째, 귀하께서 박차훈의 변호인으로 활동하는 것이 사법부의 고질적인 문제인 전관예우에 해당한다고 생각하지 않으십니까?

마지막으로, 귀하께서 박차훈 재판을 지난 7월 21일에서 8월 11일로 연기하는 데 변호인으로서 노력을 하셨습니까? 박차훈이 두 번째 임기를 마칠 때까지 재판을 미루는 방식으로 지속적으로 시간을 끌 계획이신가요?

만약 귀하께서 박차훈의 변호인이 아니셨다면, 이 공개질의에 대해 진심으로 사과드립니다. 그러나 만약 박차훈의 변호를 맡으셨다면, 반드시 답변해 주시기를 요청합니다.

저희 시민단체는 앞으로 광주지법원장과 2심 판사, 대법원장, 헌법재판소, 법무부, 그리고 대통령에게 "전관예우"와 "유전무죄"에 대해 엄중히 물을 계획입니다.

2022년 8월 2일

서민금융선진화시민연대

광주지검 조재철 검사에게 묻습니다!

끝까지 사법정의를 세울 것입니까? 아니면 주저 앉고 포기할 것입니까?

"새마을금고 중앙회장 박차훈은 2018년 중앙회장 선거에서 1,546만원의 금품향응을 제공했습니다. 이에 대해 광주지검은 2021년 1월 21일자로 징역 1년 6개월을 구형했지만, 재판부는 벌금 80만원만 선고했습니다. 만약 항소심에서도 같은 벌금 80만원이 선고되어 박차훈의 당선무효를 피하게 된다면, 조재철 검사님은 즉각 상고를 하시겠습니까? 아니면, 사법정의를 포기하고 그 자리에 머물러 주저앉으시겠습니까?"

다음은 광주지법 김태호 판사가 선고한 박차훈 재판 1심 판결문의 일부입니다.

"피고 박차훈이 전남지역 새마을금고 이사장들이 참석한 식사 자리에 참여하여 '전남지방 대의원들 많이 도와달라'는 발언의 신빙성은 인정된다."

"피고 박차훈이 중앙회장 선거에서 '당선될 목적'으로 송이버섯, 과일세트, 그릇세트 등을 제공한 행위는 사실로 판단된다."

"피고 박차훈이 골프회원권 이용을 제공한 행위도 중앙회장에 '당선될 목적'이 있었다고 판단된다."

위 판결문에 비추어볼 때, 검찰이 구형한 징역 1년 6개월은 합리적이고 상식적인 판단이었습니다. 그러나 김태호 판사는 박차훈에게 당선무효를 피할 수 있도록 벌금 80만원만을 선고했습니다.

반면, 서울 남부지방법원의 판결은 지나치게 단호한 편입니다. 45만원을 사용한 상대 후보에게는 검찰 구형대로 벌금 100만원이 최종 확정되었고, 이로 인해 그 후보는 이사장직에서 쫓겨났습니다.

"선거와 관련된 금품 제공 행위는 선거의 공정성과 투명성을 심각하게 훼손하는 것으로, 죄질이 불량하여 엄벌이 필요하다." 이 판결에 따르면, 45만원을 잘못 쓴 사람에게 100만원을 선고한 판결은, 1,546만원을 사용한 박차훈에게는 최소 3,000만원의 벌금을 선고하거나, 검사의 구형대로 징역 1년 6개월을 선고하는 것이 사법정의에 부합합니다.

돌아오는 9월 15일, 광주고등법원에서 박차훈 재판의 항소심 선고가 있을 예정입니다. 대한민국 사법부가 스스로 법치주의를 부정하고 망가지는지, 저희 시민단체는 이를 엄중히 지켜보겠습니다.

사실, 광주지법 재판부는 이미 문을 닫았어야 했습니다. 왜냐하면 박차훈 재판이 5년째 끌려 피고가 이미 4년 임기를 마칠 수 있도록 도왔기 때문입니다. 이를 두고 우리 시민단체는 "전관비리" 사태라고 주장하며, "유전무죄"나 다름없다고 보고 있습니다.

심지어 <재판거래>라고 해도 뭐 딱히 할 말이 있을까요?
말씀해 보십시오, 광주지방법원!

2022년 8월 18일

서민금융선진화시민연대

국회 행정안전위원회 위원
그리고 일선 새마을금고 임직원 귀하

※태양광 사업에 투자한 1조 6천억 중 1조원 미회수금 어떻게 되가나요?
※대전 홈플러스 부지 3800억 투자한 것, 분양률 1%라고요?
※골프업체 다섯 배 넘게 투자한 것은?
※새마을금고 자산 투자 과연 안전할까요?

박차훈 중앙회장의 끝도 없는 내로남불 경영사례를 심층 고발합니다.

새마을금고의 관리감독권을 행안부에서 금융감독원으로 신속히 이전해야 합니다. 새마을금고의 부동산PF 부실대출 위기가 고조되고 있으며, 이로 인해 뱅크런 등 금융위기가 터질 수 있기 때문입니다. 부실대출의 핵심 내용은 다음과 같습니다.

○ 전반적 실태
- 행정안전부가 오영환 의원실에 제출한 자료
- 새마을금고의 건설·부동산업 기업 대출 잔액은 올해(2023년) 1월 기준 56조4000억원 규모로 집계. 이는 2019년 말 27조2000억원에서 2배 이상 급증한 것. 같은 기간 연체대출 규모도 7000억원에서 5조2000억원으로 7배 가까이 증가며, 연체율도 2.49%에서 9.23%로 급등.

○ **새마을금고중앙회의 잘못된 투자 사례**

(1) 새마을금고가 2018년 3월부터 2021년 8월까지 실행한 태양광발전시설자금 대출 금액은 1조6160억원. 현재 이 중 1조436억원을 회수하지 못함.(중앙일보 22.10.05. 보도)

(2) 대전 둔산동 홈플러스 부지를 오피스텔로 개발하는 과정에서 3천 억 대출부실 위기

(3) 4천억 거래 불발된 골프업체를 다섯 배인 2조원에 인수한 무모한 투자 결정

(4) 뉴욕 타임스스퀘어 빌딩에 국내 6개 금융기관이 후순위 투자로 3천 억 손실처리(이 중 새마을금고가 가장 많은 투자)

(5) 케이뱅크에 1500억 원을 투자, 그러나 케이뱅크 주가 하락으로 투자 손실 우려

(6) 경기도에 있는 사우스스프링스CC의 경우, 1900억 원의 인수대금 가운데 1000억 원은 새마을금고 중앙회가 직접 투자 / 골프장 최고가 거래임.

(7) 설립 2년도 안된 직원 5명 미만의 회사를 골라, 케이뱅크·수원여객 등의 투자에 공동 운용사(Co-GP) 자격을 제공하고, 새마을금고 계열사가 투자금을 지원하는 일이 반복됨. 그 결과 뉴스보도로 '70조 원대에 달하는 새마을금고 중앙회 자금운용이 현직 임원들의 사적인 이권에 활용되는 것 아니냐'는 우려마저 제기되었음.

그 외에도 새마을금고는 해외 대체 자산 투자에 3년간 7조 원의 투자를 하기로 결정. 고금리 이자 수익이 눈앞에 보이겠지만 그것은 부동산 활황기에서나 가능하고, 이미 시작된 부동산 침체기에는 엄청난 재앙으로 돌아올 수밖에 없음. 서민 돈으로 대책 없는 투자, 막장 투자를 계속하고 있는 새마을금고중앙회.

○ 단위 새마을금고의 투자 실패 부실운영 사례

(1) 대구 양산 지역 새마을금고, 다인건설에 2,800억 집단 대출부실 현실화

(2) 없는 다이아몬드에 380억 대출

(3) 산곡새마을금고 영등포 라프하우스 사기 대출(전세 피해자 양산의 시초)

(4) 산곡새마을금고의 100억 차명 계좌 금융실명제법 위반 범죄

(5) 일선 새마을금고 이사장의 3년 연임과 그 후 상근이사제 거쳐 종신 이사장 행태로 사금고화 진행 중

대구·양산 PF 부실 대출 2800억 사태
- "이러다 새마을금고가 무너진다"는 경고를 외면한 자들

새마을금고 역사상 가장 심각한 부동산 PF(프로젝트 파이낸싱) 부실 사태 중 하나가 바로 대구·양산 다인건설 오피스텔 사업이었다. 2016년부터 착공된 '다인 로얄팰리스' 오피스텔은 대구 중구와 경남 양산 물금읍 두 곳에서 총 1,328세대 규모로 추진되었지만, 시공사의 자금난과 사기성 분양 혐의가 겹치면서 공사가 장기간 중단됐다.

해당 사업의 대출을 제공한 것은 대구 지역 새마을금고 12곳. 신천, 대현, 큰고개, 성일금고 등으로 구성된 '대주단'은 2016년부터 수분양자들에게 무이자 중도금 대출을 실행했다.
하지만 시행사의 이자 대납이 끊기면서, 분양자들이 고스란히 이자 부담을 떠안게 되었고, 이로 인해 신용불량자가 된 이들도 속출했다. 일부 금고는 분양계약자에게 "시행사에 대한 민·형사상 책임을 묻지 않겠다"는 각서를 요구하기도 했으며, 거부한 계약자들은 대출 연장을 거부당해 급여·보험 압류를 당하기도 했다.

"부실 채권인데도 충당금은 못 쌓겠다"
사태가 장기화되자 새마을금고중앙회는 2022년 말 해당 대출을 '회수 가능성 낮은 부실채권'으로 간주하고, 잔액의 최소 55%를 대손충당금으로 적립하라고 명령했다.
하지만 단위금고들은 "아직 연체가 아니며 이자도 받고 있다", "충당금을 쌓을 여력이 없다"며 법원에 효력정지 가처분을 신청, 중앙회 명령에 반기를 들었다.

이러한 내부 갈등은 새마을금고 역사상 전례가 드문 상황이었다. 결국 예금자들 사이에 불안 심리가 확산되었고, 대주단에 속하지 않은 전국 새마을금고 지점들에도 예금 인출 요청이 쇄도하는 사태로 번졌다.

중앙회는 "문제 금고들도 예금자 보호 한도(1인당 5천만 원) 내에 있고, 건전성에 큰 문제가 없다"고 밝혔지만, "충당금 분란이 일어나는 자체가 신뢰의 균열"이라는 예금자들의 불안은 해소되지 않았다.

이 사건에 대해 본 단체(서민금융선진화시민연대)는 사태 초기부터 유튜브 채널과 성명서 등을 통해 반복적으로 경고해왔다.
"시공사가 구속된 상태에서 공사도 안 되는 사업에 수년째 자금을 묶어둔 금고들",
"자기 돈이 아닌 서민의 예금으로 PF 도박을 벌인 새마을금고들",
"중앙회는 늑장 대처, 단위금고는 책임 회피로 일관"한다며
"이러다 새마을금고 전체가 망할 수 있다"는 강도 높은 비판과 경고를 수차례 제기했다.

하지만 이 경고는 정치권과 중앙회에 의해 무시되었고, 시민단체의 활동은 단순한 '비난' 정도로 폄훼되기 일쑤였다.
이 사태는 단순한 지역 PF 문제를 넘어, 새마을금고 시스템 전체의 구조적 모순을 드러낸 사건이었다.

예고된 재난, 제도의 부재

이번 사태는 공사 진행률이 낮은 상태에서 중도금이 전액 집행된 것, 부실 리스크를 분산하거나 조기 차단할 금융감독 체계의 부재, 그리고 무엇보다 '자기 돈처럼 굴리지 않는 금고' 구조가 만든 인재(人災)였다.

새마을금고는 행정안전부 소속이라는 특수 지위, 예금보험공사 미가입 상태, 단위금고의 자율성 보장이라는 이름의 방임, 그리고 중앙회의 부실 감독이 맞물려 이처럼 위험을 감지하고도 제동을 걸 수 없는 구조로 방치되어 있다.
"이러다 망한다"는 경고는 단지 비관이 아니다. 이미 예금자들은 '조용한 금융 붕괴'를 체감하고 있는 중이다.

[입장문] "새마을금고 돈은 눈먼 돈인가?"

— 2018년 부산 사상 새마을금고 115억 횡령사건을 다시 묻는다 —

2021년, 우리는 왜 3년 전 사건을 다시 꺼내는가.
그 이유는 단순하다.
달라진 것이 없기 때문이다. 아니, 달라지기는커녕 더욱 위험해졌기 때문이다.

2018년, 부산 사상구의 한 새마을금고에서 한 계약직 직원이 위조 서류를 통해 무려 115억 원을 불법 대출한 사건이 터졌다. 박모(당시 39세) 씨는 차량담보대출을 담당하면서 130여 명의 지인을 동원해 명의를 빌리고, 허위 서류를 만들어 돈을 빼낸 뒤, 이들을 상대로 돌려막기를 반복하다가 연체 두 달 만에 잠적했고, 사라진 돈은 94억 원에 달했다.

문제는 그가 잠적할 때까지 새마을금고는 아무것도 알지 못했다는 점이다. 더구나 그는 정규직도 아닌 계약직 직원이었다.
그 한 명의 일탈로 치부할 수 있을까? 절대 아니다.

당시 국회에 제출된 자료에 따르면, 2013년부터 2017년까지 새마을금고 직원에 의한 금융사고는 총 49건, 사고액 303억 원, 그 중 93%가 내부직원의 횡령 또는 불법 대출이었다.

이 수치는 단순한 통계를 넘어, '새마을금고 시스템 전체가 허술하다'는 구조적 증거다. 감독망이 뚫렸고, 내부통제가 없으며, 누가 얼마를 빼돌려도 아무도 모른다.

그리고 결정적인 문제는, 이 돈이 누구의 돈인가이다.
은행이 아니다. 증권사도 아니다.
새마을금고는 지역주민의 소액 예금으로 운영되는 서민금융기관이다.

그렇다면 이 돈은 무엇인가?
이 돈은 사실상 '눈먼 돈'이었다. 주인 없는 예금, 아무도 감시하지 않는 회계, 그리고 실종된 책임 구조. 우리는 이 사건을 두고 '새마을금고 돈은 눈먼 돈'이라는 현실을 확인했다.

우리는 2021년 지금, 이렇게 요구한다:

1. 이사장 임기 제한 및 사금고화 방지장치 마련
2. 금융감독원 이관을 통한 외부 감시 시스템 도입
3. 예금자보호제도 전면 재구성 – 현재와 같은 중앙회 내 자체 기금으론 위기 대응 불가능
4. 내부통제시스템의 디지털화 및 실시간 회계 감시체계 구축
5. 금고 직원의 대출 및 지급권한 분산 시스템 도입

[입장문] "이사장님 댁에서 일하는 겁니까?"
- 전북 동남원새마을금고 '밥 짓기·설거지·빨래'
갑질 사건은 구조적 병폐의 결과다 -

2020년 8월, 전북 남원시 동남원새마을금고에 신입으로 입사한 여성 직원이 겪은 현실은 금융기관이 아닌, 이사장 사택의 가사도우미와 다름없었습니다.
그녀는 출근 첫날부터 이사장의 지시로 밥을 짓고, 설거지를 하고, 화초에 물을 주고, 쓰레기를 버리고, 이사장의 속옷까지 손빨래해야 했습니다.
심지어 퇴근 후에도 "라면 좀 끓여다 주라"는 연락을 받아 이사장의 집까지 식사를 배달하기도 했습니다.

이 어처구니없는 '직장'은 2022년 직장갑질119 제보와 고용노동부 특별근로감독을 통해 외부에 알려졌고, 금고 내부에서도 다수의 피해 사례가 뒤늦게 드러났습니다.

문제는 단순한 '갑질'이 아닙니다. 진짜 문제는 왜 이런 일이 가능했는가입니다.
그 핵심에는 제왕적 이사장 체제와 견제 기능이 실종된 새마을금고 구조가 있습니다.

■ 이사장, 어떻게든 '계속하는 사람'

현행 새마을금고법상 이사장은 4년 임기에 2회 연임 가능,
즉 최대 12년까지 재임이 허용됩니다.
그러나 현실은 훨씬 더 집요합니다.

많은 금고에서 이사장은 임기 만료 직전 스스로 사퇴하고, 측근이나 가족을 '바지 이사장'으로 내세운 뒤, 잠시 뒤 해당 인사가 건강상의 사유 등으로 중도 사임하면 본인이 다시 출마하여 4년 임기를 새로 시작합니다.

이런 방식으로 16년, 20년 이상 장기 집권한 이사장 사례가 전국적으로 수두룩하며, 사실상 종신이사장제가 작동하고 있는 셈입니다.

이 구조 속에서 이사장은 '지역금고의 수장'이 아니라 인사·회계·대출·인권·문화까지 모든 걸 좌우하는 제왕적 존재가 되어갑니다.

▣ 이사회와 감사는 허울뿐

문제는 이사장만의 문제가 아닙니다. 이사회는 이사장의 지인들로 구성되고, 감사는 형식적으로 앉아 있을 뿐, 실질적인 견제 기능은 마비되어 있습니다.
감사가 갑질을 묵인하고, 이사회가 침묵으로 동조하는 구조 속에서 직원 인권, 내부 통제, 회계 투명성은 모두 무너집니다.

▣ 이사장 개인이 금고 전체를 사유화하다

동남원새마을금고의 갑질 사건은 단지 인격적 모멸의 문제만이 아닙니다.
금고 운영의 사적 전유, 지역공동체 금융의 붕괴, 그리고 제도적 방임이 빚어낸 예고된 비극입니다.

해당 이사장은 지역에서 수십 년간 영향력을 행사하며, 사실상 자신의 금고처럼 운영해왔고, 문제를 제기한 직원에게는 인사 불이익, 정서적 위압, 외면으로 대응했습니다.
그리고 아무도 이를 막지 못했습니다.

서민금융선진화시민연대는 분명히 말합니다.
이사장 종신제는 새마을금고를 병들게 하는 핵심 구조입니다.
이사회와 감사의 무력화는 금고를 이사장 1인의 사금고로 전락시킵니다.
내부 직원의 인권침해와 외부 감시의 부재는 지역공동체 금융의 신뢰 기반을 허무는 일입니다.

우리는 다음의 근본적 개혁을 요구합니다:
1. 이사장 임기 제한: 현행 '4년 + 2연임' 이후에는 10년간 재출마 금지
2. 재출마 편법 방지 조항 명문화: 퇴임 이사장의 직·간접 후계자 세우기 금지 및 선거심사 강화
3. 이사회·감사 외부 인사 30% 의무화: 시민단체, 공인회계사, 금융감독 전문가 참여 보장
4. 금고 내 인권감독제 도입: 고용노동부-중앙회 공동 직장문화 실태조사 및 상시 고발창구 개설
5. 새마을금고법 전면 개정: 금융기관으로서의 책임성, 공공성, 예금자 보호를 위한 대대적 법·제도 개혁

직원에게 빨래와 설거지를 시키는 금융기관, 그게 새마을금고의 민낯이라면, 이 제도는 반드시 뜯어고쳐야 합니다.
상황이 이렇게 심각함에도 불구하고 해당 이사장은 새마을금고 중앙회의 임원까지 하고 있습니다.

새마을금고는 누구의 것입니까?
이사장의 것도, 그 측근들의 것도 아닌, 지역주민의 것이며 서민의 것입니다.
그 주인의 권리를 되찾기 위한 개혁에 우리 시민은 침묵하지 않을 것입니다.

○ 박차훈 새마을금고중앙회장의 내로남불 경영 사례

(1) 상조복지회 비상근 대표이사의 겸직은 실제로 겸직이 불가능한 상황에서 1억 5천만 원의 고액 연봉을 추가로 얻게 되는 매우 부적절한 셀프 인사권임.

(2) 연일 보도되는 새마을금고 위기설에 대해 일선 새마을금고는 고객들을 안심시키느라 분주할 것임. 이 와중에 중앙회는 노래 몇 곡에 수천만 원의 출연료를 주는 음악회를 열고, 이것도 모자라 호화 불꽃놀이까지 하면서 파티를 즐기는 행위에 국민 여론은 싸늘함.

(3) 중앙회장 선거에서 42만원을 쓴 낙선자는 서울남부지방법원에서 벌금 100만원을 선고 받아 이사장직에서 해임되었는데, 30배 이상 즉 1546만원의 불법 선거 자금을 쓴 박차훈은 전관예우 재판을 통해 벌금 80만원에 중앙회장직을 유지하는 면죄부를 받았음. 광주지방법원 1심 김태호 판사, 2심 김평호 판사가 진행한 재판임. 재판 과정을 들여다보니 변호인으로 대형로펌 네 곳과 별도로 변호사 여섯 명을 두었음. 변호사 비용만 수십억 들었을 것으로 예상됨. 1심 재판기간만 2년 6개월, 그 사이 재선하고 2심에서도 같은 80만원을 선고받음. 이 때 헌법재판소장 출신 전관을 변호인으로 추가해서 재판거래 의혹이 일었음.

이에 본 시민단체는 국회 행정안전위원회에 이러한 실태를 모아 전달하면서, 새마을금고의 정상화를 위해 특단의 대책을 수립하여 줄 것을 요청합니다.

용혜인 의원도 2022년 국정감사 때 "새마을금고의 금융사고가 매우 심각하지만 감독권이 달라 통계조차 없다고 지적"한 바 있습니다. 용혜인 의원은 이에 대한 대안으로 '법 개정 통해 새마을금고의 금융감독권을 행안부에서 금융당국으로 이관해야 한다'고 주장한 바 있습니다.

또한 일선 새마을금고 임직원에게도 당부합니다. 지금은 중단되었지만 새마을금고가 5년 전까지 취급해왔던 아파트 중도금 대출이 다시 재개되도록 노력하십시오. 안전 자산에 대출해주고 이자를 받는 선순환 시스템으로 복귀해야 합니다. 그래야 부동산PF 등에 투자 하지 않고도 고객의 자산을 보호할 방법이 마련되는 것입니다.

2023년 4월 27일

서민금융선진화시민연대

박차훈 중앙회장을 향한 검찰 수사의 칼끝!!!

국회는 속히 새마을금고 중앙회의 불법 탈법 자금 관리 실태에 대해 국정조사를 시행하라.

새마을금고의 전현직 직원 세 명이 협력하여, 가족 명의로 컨설팅 회사를 설립하고, 대출을 받으려는 차주들에게 "컨설팅을 맡겨야 대출을 받을 수 있다"고 협박하여 수십억 원을 갈취한 사건이 발생했습니다.

이 범죄수익 40억 원은 17억 원 상당의 아파트를 구입하는 데 사용되었고, 나머지는 캠핑카와 고급 외제차 계약에 쓰였다고 전해집니다. 전문가들은 이 사건이 전현직 새마을금고 직원 세 명만의 범행으로 일어날 수 없다고 입을 모읍니다. 상부의 확실한 책임자가 개입되지 않고서는 이런 사건을 꾸밀 수 없다는 의견입니다.

뿐만 아니라, 20조 원 규모의 사모펀드를 총괄하던 기업금융부서팀장이 구속되었으며, 그는 거액의 자금을 출자하는 과정에서 불법으로 자금을 빼돌린 혐의를 받고 있습니다. 이 역시 박차훈 중앙회장을 향한 수사의 칼끝이 향하고 있다는 보도가 나오고 있습니다.

투자 수익을 전망하기보다는 불법 수수료나 뒷돈 빼돌리기에 급급한 새마을금고 중앙회의 투자는 절대 정상적일 수 없습니다.

이미 새마을금고 중앙회는 뉴욕 부동산에 3천억 원을 투자해 큰 손실을 입었으며, 6개 금융기관 중 가장 많은 투자처를 보유한 것으로 드러났습니다. 또한, 코로나 시기에 고가로 매입한 골프장도 시간이 지남에 따라 부실로 이어질 가능성이 매우 큽니다. 이러한 중요한 의사결정을 몇몇 직원들이 독단적으로 내렸다고 보기 어렵습니다. 박차훈 중앙회장이 개입했을 가능성이 매우 크며, 만약 직원들이 윗선의 개입 없이 이러한 일을 벌였다면, 그것은 중앙회장과 임원들의 무능을 그대로 드러내는 사례로, 박차훈 중앙회장에게 엄중한 책임을 묻지 않을 수 없습니다.

수사 당국의 엄정한 수사와 별도로, 국회는 새마을금고의 자금 관리 부실이 입법 미비 사항에 해당하지는 않는지 면밀히 점검해야 합니다.

새마을금고 중앙회와 단위 새마을금고의 자산 총액은 300조 원에 달합니다. 이러한 거대한 자산을 다루는 금융기관에 대해 금융감독원의 전문적인 관리감독이 절실히 필요합니다. 그러나 새마을금고는 행정안전부가 상급기관으로 되어 있어, 금융감독원의 관리 감독을 받지 못하고 있습니다. 이는 법적으로 그렇게 되어 있기 때문입니다. 국회는 새마을금고의 전반적인 관리 실태를 특별 점검하고, 법안을 개정하여 금융감독원의 관리 감독을 받도록 해야 할 것입니다.

2023년 6월 7일

서민금융선진화시민연대

금융범죄와 대체자산 투자,
새마을금고의 변화를 위한 촉구

새마을금고가 창립 이래 최대 위기를 맞이하고 있습니다.
그 원인은 중앙회 임직원들의 불법 및 탈법적인 자금 관리와 박차훈 중앙회장의 무모하고 지나친 대체자산 투자입니다. 최근에 드러나는 일련의 사건들은 명백한 불법과 금융범죄에 해당합니다. 특히, 불법 수수료 40억 원을 포함한 각종 리베이트 의혹이 점차 밝혀지고 있는 상황입니다.
현재 검찰의 수사는 중앙회 임직원을 넘어 박차훈 중앙회장에게까지 향하고 있습니다. 그에 따라 박차훈 중앙회장의 업무가 중지될 가능성도 존재합니다. 이는 심각한 위기 상황이지만, 동시에 위기 속에서 새마을금고가 정상화될 수 있는 기회가 될 수도 있습니다.
저희 시민단체는 박차훈 중앙회장이 이끄는 새마을금고 중앙회가 심각한 잘못을 저지르고 있다고 여러 차례 지적해 왔습니다. 문제는 단순히 부동산 PF에 그치지 않습니다. 대체자산 투자의 문제점도 지속적으로 언급해왔습니다.
더 크게 잘못되기 전에 수사당국이 이를 철저히 가려내면, 새마을금고가 큰 타격 없이 정상화될 수 있다는 희망을 가집니다. 따라서 일선에서 수고하시는 새마을금고 이사장 및 임직원 여러분께 당부드립니다. 동요하지 마시고, 지금까지 해왔던 서민금융의 기본적인 업무에 충실해 주시기 바랍니다.
그렇다면, 왜 이러한 무모한 대체자산 투자가 급증했을까요? 이 문제의 근본적인 원인 중 하나는 일선 새마을금고와 중앙회 간의 매우 비효율적인 대내예치금 제도에 있습니다. 일선 새마을금고는 고객의 돈을 유치한 후 자체적으로 여러 가지 대출을 해줍니다. 금융기관은 예금이자와 대출이자의 차이인 예대마진으로 수익을 얻는 구조입니다. 하지만 대부분의 일선 새마을금고는 예금 총액보다 대출 총액이 현저히 적습니다. 이는 문재인 정부 초기에 아파트 중도금 대출이 제한되면서 발생한 문제입니다. 결국 일선 새마을금고는 대내예치금이라는 명목으로 큰 금액을 중앙회에 맡기게 되었습니다.

2022년 12월 말 기준, 인천의 A 새마을금고는 369억 원을 중앙회에 대내예치금으로 맡겼고, 전북의 B 새마을금고는 812억 원, 서울 마포의 C 새마을금고는 372억 원, 수원의 D 새마을금고는 2159억 원을 맡겼습니다.

그러나 그 이자율은 제각각입니다. 인천과 전주의 새마을금고는 중앙회로부터 연 1.56%의 이자를 받습니다. 마포의 새마을금고는 2.54%, 동수원의 새마을금고는 1.44%를 받고 있습니다. 이자율이 낮은 이유는 맡겨둔 시기와 기간에 따라 다를 수 있지만, 이들 모두가 '역마진'이라 불릴 정도로 매우 적은 이자만을 받고 있습니다. 일선 새마을금고는 고객에게 예금을 받을 때 최소 2~5%의 이자를 약정했을 텐데, 역마진으로 돈을 맡기고도 그만큼의 이자도 받지 못하니, 자연히 손해를 보게 되는 것입니다.

이와 달리, 새마을금고 중앙회는 그 돈을 대체자산 투자에 집중하면서 비록 뉴욕 타임스스퀘어 빌딩 투자 실패, 대전 홈플러스 부지 투자 실패 등 대형 사고가 발생하더라도 전체적으로는 이익을 보는 구조가 만들어졌습니다. 일선 새마을금고가 매우 적은 이자로 대내예치금을 맡기는 사이, 중앙회는 그 자금을 대체자산 투자에 집중하게 된 것입니다.

이러한 구조적 문제를 해결하기 위해서는 대내예치금에 대한 이자율을 변동금리 방식으로 설정하는 방법도 고려할 수 있습니다. 하지만 그보다 더 중요한 것은 새마을금고가 아파트 중도금 대출을 재개해야 한다는 점입니다.

전국의 새마을금고는 많은 회원이 있으며, 무엇보다 서민금융의 대표적 기관입니다. 여러분의 노력이 있다면, 다시 아파트 중도금 대출을 가능하게 할 수 있으며, 이를 통해 안정적인 수익을 창출할 수 있을 것입니다. 더 이상 무모한 대체자산 투자에 의존할 필요는 없을 것입니다.

저희 서민금융선진화시민연대는 여러분을 돕겠습니다. 대국민 홍보전략을 세우고, 정치권을 압박하여 위기에 처한 새마을금고를 구해낼 수 있도록 함께 노력합시다.

2023년 6월 8일

새마을금고중앙회,
이렇게 해야 정상적으로 운영할 수 있다.

국민 여러분, 안녕하십니까?
저희는 새마을금고 개혁을 바라는 순수 시민운동 단체로, 서민금융선진화시민연대라 부르고 있습니다. 이 운동은 인천의 한 새마을금고에서 감사직을 맡고 있던 안경묵 공동대표가 2018년부터 시작한 것입니다. 그 이후로 우리는 박차훈 중앙회장의 불법 선거를 규탄하며, 중앙회의 대체자산 투자 문제를 지속적으로 지적해 왔습니다.

새마을금고는 300조 원의 자산을 보유하고 있는 만큼, 더 이상 행정안전부 산하의 기관이 아니라, 금융감독원 산하의 금융기관으로서 관리되어야 한다는 지적이 계속해서 제기되고 있습니다. 또한, 대의원만이 참여하는 이사장 선거의 문제점도 꾸준히 개선을 촉구해 왔습니다.

저희는 단위 새마을금고의 개혁을 위한 목소리도 지속적으로 내왔습니다. 특히, 임직원의 자녀를 채용하는 불법적인 관행을 근절하기 위해 많은 노력을 기울였습니다. 그 결과, 이사장 선거제도를 대의원제에서 총회 선출제로 변경하는 성과를 거두었으며, 자녀 채용을 근본적으로 차단하는 제도 개선도 이루어졌습니다. 앞으로도 새마을금고의 개혁과 신뢰 회복을 위해 계속해서 노력할 것입니다.

하지만, 현재 새마을금고는 60년 역사상 가장 어려운 상황에 처해 있습니다. 박차훈 중앙회장은 1,540만 원의 불법 선거

비용을 지출하여 마땅히 당선 무효가 되어야 했음에도 불구하고, '전관예우'와 '재판거래'라는 비판을 받는 납득할 수 없는 재판 결과로 80만 원의 벌금만을 선고받았습니다. 반면, 상대 후보는 42만 원의 불법 비용을 사용한 이유로 100만 원의 벌금을 부과받고 이사장직에서 쫓겨났습니다. 이는 대한민국 재판부의 부조리함을 보여주는 매우 상징적인 사례로 남을 것입니다.

박차훈 중앙회장은 자신이 저지른 불법 선거 비용과 그로 인한 결과가 얼마나 큰 영향을 미쳤는지 누구보다 잘 알고 있을 것입니다. 또한, 유전무죄 재판을 진행하기 위해 얼마나 많은 자금이 들어갔을지도 충분히 짐작할 수 있습니다. 이로 인해 중앙회장은 자신의 권한을 이용해 부정한 방법으로 금전적 이익을 취하려 했을 가능성이 매우 큽니다.

이러한 상황들이 새마을금고를 큰 위험에 처하게 만들었고, 그 결과 새마을금고는 심각한 위기에 직면해 있습니다.
가장 최근에 벌어진 일로, 새마을금고 60년 역사상 처음으로 중앙회장이 업무를 보는 사무실과 거주지까지 압수수색을 당했습니다.

중앙회장의 연봉은 7억 원에 달하며, 그 외에도 업무추진비가 10억 원을 넘습니다. 이러한 고액의 보수를 받는 사람이 자기 부인을 중앙회가 투자한 골프장에서 공짜로 골프를 치고 다니게 방치한 것은 명백한 새마을금고의 사유화입니다.
다이아몬드 대출 사건은 꼬리 자르기라는 비판을 피할 수 없습니다. 세상에 존재하지 않는 다이아몬드에 380억 원을 대출한 사건은 세상을 떠들썩하게 만들었습니다. 그런데 그것이 정말 본부장 한 사람의 잘못일까요? 그 윗선은 어디에 있었습니까? 박차훈 중앙회장은 이 사실을 정말 몰랐을까요? 몰랐다면, 그것은 무능한 관리자임을 자인하는 셈입니다.

새마을금고가 자체적으로 TV 채널을 보유할 이유는 무엇입니까? 그 방송을 누가, 얼마나 보고 있습니까? MG TV는 사실상 박차훈의 개인 방송이 아니었습니까? 그런데 100억 원 가까운 돈을 들여야 할 필요가 있었습니까?

이런 엄중한 시기에, 불꽃놀이와 호화 음악회를 곁들인 행사란 도대체 무엇입니까? 또한, 중앙회장이 몰고 다니는 최고급 차량과 운전기사는 또 무엇을 의미합니까? 그 비용은 어디서 나온 것입니까? 일선 새마을금고는 죽어라 영업하며 고객에게 비싼 이자를 지급하고 있습니다. 이 고객 예치금이 바로 그 돈의 출처가 아닙니까?
일선 새마을금고는 대내예치금이라는 명목으로 고객의 돈을 중앙회에 빌려주고 있지만, 중앙회는 겨우 1~2%의 이자만을 돌려주고 있습니다. 이로 인해 역마진이 발생하고 있으며, 회원들에게 돌아가야 할 몫이 줄어드는 상황입니다.

그런데, 새마을금고 중앙회는 해외 부동산에 투자해 한 푼도 건지지 못한 사건(뉴욕 타임스스퀘어 빌딩 투자)을 비롯해, 대전 홈플러스 부지를 매입하여 최고급 오피스텔 단지를 만든다고 했으나 분양률은 1%에 그쳤습니다. 이 정도면 망한 투자라고 볼 수밖에 없지 않습니까? 이 돈 역시 일선 새마을금고의 고객들이 모은 돈이 아니었습니까?

가장 걱정되는 것은 무려 20조 원의 자산을 운용하는 기업금융부서팀의 팀장이 리베이트 의혹으로 구속된 사실입니다. 새마을금고 300조 원이라는 자산 규모는 전국 1300개 새마을금고의 전체 자산을 합한 것입니다. 그 중에서 새마을금고 중앙회는 80조 원 단위를 운용하고 있습니다. 물론, 이 돈 역시 일선 새마을금고가 예치한 고객의 돈입니다. 그런데 이처럼 고객의 돈을 무책임하게 투자하고 운용하고 있다는 사실에 국민과 고객들은 분노가 들끓고 있습니다.

보도에 따르면, 박차훈 중앙회장의 운전기사 출신이 새마을금고 중앙회가 투자 운용 중인 금융기관의 임원으로 있었던 사실도 밝혀졌습니다. 도대체 이런 인사를 해도 되는 것입니까? 또, 그 외에 부실 투자나 부실 운영은 없는지에 대한 의문도 제기됩니다.

새마을금고 중앙회의 900명 직원들은 도대체 무엇을 하고 있습니까?

이제 대안을 제시하겠습니다.

전국 새마을금고 이사장과 임원들께,

즉시 연판장을 돌려 주십시오. 검찰이 새마을금고 중앙회의 잘잘못을 철저히 가려 엄정히 처벌하고, 부당하게 가져간 이득을 새마을금고로 환원시킬 수 있도록 요청해 주십시오. 또한, 만약 투자 실패로 인해 새마을금고에 손해가 발생했다면, 임원들에게 구상권을 청구해야 합니다.

또한, 새마을금고의 아파트 중도금 대출이 재개될 수 있도록 노력해 주십시오. 문재인 정부 들어 새마을금고의 아파트 중도금 대출이 막혔고, 그 대신 기업대출로 전환되었지만, 사실상 동네 자영업자들에게 대출을 해주는 상황입니다. 이는 부실채권으로 이어질 가능성이 높습니다. 기업대출을 줄이고 아파트 중도금 대출로 돌아서야만 새마을금고가 안전하게 운영될 수 있습니다. 이 점을 반드시 이해해 주시기 바랍니다.

그리고, 새마을금고를 더 이상 행정안전부 소속으로 두지 않도록 노력해야 합니다. 금융감독원 산하에서 적절한 감시와 관리가 이루어질 때, 고객의 돈은 보다 안전하게 지켜질 수 있으며, 새마을금고의 위협을 근본적으로 줄일 수 있을 것입니다.

부디 이러한 점을 충분히 이해하시고, 서로 협력하여 빠른 시일 내에 새마을금고가 안정을 되찾을 수 있도록 힘을 모아 주시기 바랍니다.

2023년 6월 14일

서민금융선진화시민연대

새마을금고중앙회 이사진에 보낸 내용증명

내 용 증 명

수신자 : 새마을금고중앙회 김기창 전무이사, 황국현 지도이사, 박수용 이사, 김현수 이사, 권기동 이사, 안세찬 이사, 천순상 이사, 김치규 이사, 김의중 이사, 한상기 이사, 민병선 이사, 박경조 이사, 김정사 이사, 홍순영 전문이사, 윤도순 전문이사, 박경삼 전문이사 그리고 중앙회 부회장 김인과 김성진님

발신자 : 조형곤(서민금융선진화시민연대 상임대표)

새마을금고중앙회 이사진 전원에게 보낸 내용증명

귀하께서 활동하고 있는 중앙회 이사회는 새마을금고중앙회의 기구 중에서 가장 중요한 의결 기구입니다.

이사회보다 상위 기관인 총회가 있지만 아시다시피 총회는 통상 연간 1회의 정기총회를 개최할 분, 거의 모든 의사결정은 이사회에서 하고 있습니다. 새마을금고 중앙회도 관련법에 따라 이사회를 두고 회장이 소집하여 회의를 개최하고 있습니다.

새마을금고중앙회 이사회는
1) 규정의 제정 변경 또는 폐지
2) 차입금의 최고 한도

3) 총회로부터 위임된 사항과 총회에 부칠 사항
4) 정관으로 정하는 간부 직원의 임면
5) 보수의 결정과 직원의 징계
등 중앙회장의 독단적 경영을 막고 합리적 의사결정을 하게 할 장치를 갖고 있습니다.

간부 직원의 임면과 보수의 결정 그리고 직원의 징계를 이사회를 통해 의결하도록 한 것은 이사회의 중요성을 크게 강조한 것이나 다름없습니다.

따라서 이사회는 간부 직원 즉 임원급에 해당하는 중요 직원의 업무를 감시하고 통제해야 하는 것은 당연한 업무일 것입니다.

그런데 최근 몇 년간 새마을금고중앙회의 간부 직원 인사는 매우 잘못되었습니다. 특히 중앙회장의 기사로 있던 사람이 중요 기관의 전무로 부사장으로 특별승진하고 그 자가 불법 리베이트 수수로 압수수색을 당하고 구속되었습니다. 이 사실은 이사회에도 중요한 책임이 있다는 사실을 보여줍니다.

하여 본 시민단체는 다음과 같이 내용증명을 통해 새마을금고중앙회 이사회 전 구성원에게 이사회 회의에 관한 중요사항을 질의하오니 성실하게 답변하여 주시기 바랍니다.

만약 본 서면질의에 답변하지 않을 경우, 새마을금고중앙회의 금융 범죄 사실과 연관하고 관련법을 참고하여 수사기관에 엄정 수사를 촉구할 예정입니다. 뿐만 아니라 이사회에서 적절치 않은 회의내용을 다루고 그 의무를 다하지 못했다고 판단될 경우 새마을금고중앙회가 입은 각종 손해에 대해 구상권을 청구할 예정입니다.

<<서면 질의>>

1. 2020년 1월부터 2022년 6월 30일까지 개최되었던 이사회 회의 내용 중 다음 사항이 거론되었는지 답변하여 주시기 바랍니다.

   1) 박차훈 중앙회장 운전기사를 M캐피털 전무 및 부사장으로 승진하는데 따른 이사회의 회의 내용 및 임명에 관한 의결을 하신 적이 있습니까?
   2) M캐피털 전무를 거쳐 부사장이 된 자의 부적절한 행위를 발견한 것으 언제입니까?
   3) 위 2항 부적절한 사실을 알고 이사회를 개최하여 해당 사건에 대한 토론과 의결을 한 적이 있습니까?
   4) 의결을 했다면 어떤 내용의 의결을 했습니까?

2. 새마을금고중앙회가 대체자산투자 형식으로 뉴욕타임스스퀘어 빌딩에 투자했다가 손실을 입은 금액에 대해서 답변해 주시기 바랍니다.

   1) 이 사고가 일어난지 얼마 만에 이사회를 통해 논의를 했는지, 아직까지 관련 논의 조차 하지 않았는지 알려 주십시오.
   2) 만약 논의를 했다면 이에 대한 손실 처리와 책임의 문제를 어떻게 했습니까?
   3) 만약 논의조차 하지 않았다면 그 이유는 무엇입니까?

3. 대전 홈플러스 부지 매입과 초호화 오피스텔 건립 사업에 대한 투자 손실에 대해서 답변해 주시기 바랍니다.
   1) 이 사고가 일어난 것에 대해 중앙회장으로부 보고를 받고 조치를 하는데 이사회 구성원으로서 참여했습니까?
   2) 했다면 어떤 내용의 의결이 있었습니까?
   3) 하지 않았다면 왜 하지 않았습니까?

4. 골프장 최고가 인수(사우스스프링스 CC)에 관한 업무보고를 받았습니까?
   1) 받았다면 이에 관한 현재의 투자가치는 얼마나 되는지, 손익 여부를 알고 계십니까?
   2) 안 받았다면 그것이 이사회에 보고사항이 되는지 안되는지 확인해 보셨습니까?

5. 인천 부평구에 있는 산곡새마을금고가 이사장의 전횡이 심하고, 이사장의 선거출마 자격이 없다는 논란이 있습니다. 이에 대해 보고를 받거나 이사회를 통해 논의를 한 적이 있는지 묻겠습니다.
   1) 인천 산곡새마을금고는 영등포 라프하우스에 불법 사기 대출을 해주었습니다. 그로 인해 전세 피해자들이 대거 만들어졌습니다. 이사회는 이를 알고 있습니까?
   2) 인천 산곡새마을금고는 100억 원을 예금하려는 사람을 대신해 차명으로 분산 예치하여 금융실명제법을 위반하고 탈세를 도왔습니다. 위법입니다. 당시 실무책임자가 징계를 피하러 사직한 후 다시 새마을금고 이사장에 출마하여 이사장에 당선되었습니다. 중앙회에서는 출마 자격에 문제가 있다고 진단하고 경고했는데, 이게 무용지

물이 되었습니다. 현 이사장은 이사장 출마 자격이 없다고 보는데 중앙회 이사회에서는 이 사실을 알고 있습니까? 이제서야 알았다면 어떻게 대처하실 생각입니까?

3) 산곡새마을금고의 감사 선거에서 1인 2표제를 도입하여 이사장을 견제하고 감시하려는 감사 후보를 의도적으로 떨어뜨리기도 했습니다. 이에 대한 중앙회의 감사 계획은 있습니까?

4) 산곡새마을금고를 보면 이사장 한 사람이 종신토록 금고를 지배하고 운영한다는 것을 실감할 수 있습니다. "사금고"처럼 운영한다는 비판에도 직면합니다. 이사장 3연임제와 상근이사로 있다가 다시 또 3연임을 하는 금고가 많다고 합니다. 이사장 종신제 이것을 반드시 뜯어 고쳐야 하지 않겠습니까? 중앙회 이사의 견해를 밝혀 주십시오.

위와 같은 서면질의에 대해 이 내용증명을 받은 날로부터 2주 이내에 답변하여 주시기 바랍니다.

<<회신할 곳>>
서민금융선진화시민연대 상임대표 조형곤

우편 : 서울시 중구 삼일대로 X길 OO 빌딩
이메일 주소 :xxxx@xxxxxx.xxxx
휴대전화 문자 : 010-oooo-oooo

위 세 방법 중 어느 것으로 해도 무방합니다. 새마을금고 중앙회 이사님의 답변을 기대합니다.

2023년 7월 11일

서민금융선진화시민연대

새마을금고 사태는 행안부 책임이 크다!

박차훈 새마을금고 중앙회장에 대한 압수수색이 있었습니다. 부하직원이 구속되었고, 현재 재판을 받고 있습니다. 부동산 PF 대출 부실, 사모펀드 부실, 불법 리베이트 수수 등 새마을금고와 관련된 불안은 크게 확산되었습니다. 고객들은 돈을 빼기 위해 바쁘고, 행정안전부는 감독기관으로서 제대로 대응하지 못한 채, 기획재정부, 금융감독원, 심지어 한국은행까지 나서서 새마을금고의 불을 끄느라 정신없었습니다.

이 사태가 이 지경까지 이르게 된 가장 큰 원인은 박차훈 중앙회장의 불법적 경영과 부하직원의 불법 리베이트 수수입니다. 하지만 감독기관인 행안부가 제대로 관리 감독하지 못한 책임도 크다고 할 수 있습니다. 사실 행안부가 새마을금고를 관리 감독하는 것 자체가 어불성설입니다. 새마을금고는 이미 280조 원의 자산을 보유하게 되었고, 이는 웬만한 금융기관과 맞먹는 규모입니다. 그런데도 그 운영은 주먹구구식이었습니다. 특히 최근 5~6년간은 새마을금고가 매우 기형적인 형태로 운영되고 있었습니다. 그 중 하나가 기업자금 대출의 폭증입니다.

이전까지 새마을금고의 주요 대출처는 아파트 중도금 대출이었으며, 이는 매우 안전한 대출 방법이었습니다. 중간에 떼일 염려도 없고, 이자를 못 갚을 상황도 거의 없으며, 아파트를 담보로 하고 있어 새마을금고는 금전적 손해를 볼 일이 없었기 때문입니다. 하지만 아파트 중도금 대출이 중단된 이후, 새마을금고의 예적금은 기업자금 대출로 전환되기 시작했습니다. 그런데 여기서 말하는 기업은 대기업이나 중견기업이 아닌 동네 자영업자들이었습니다.

현재 동네 자영업자들의 40%가 향후 3년 내 폐업을 고려하고 있다는 통계가 있습니다. 이는 부동산 PF 부실보다도 동네 자영업자 대출의 부실이 훨씬 심각한 문제로 돌아올 수 있다는 뜻입니다. 그래서 지금의 새마을금고 위기는 이미 예상된 위기라고 할 수 있습니다.

제대로 된 경영자가 있었다면 이런 상황이 벌어졌겠습니까? 제대로 된 감독자가 있었다면 이렇게까지 방치되었겠습니까?

새마을금고는 주인도 없고, 감독자도 없고, 감시자도 없었습니다. 게다가 새마을금고 중앙회의 이사진 중에는 정당의 전관들이 자리를 차지하고 있고, 행안부 퇴직 관료들이 **빨대를 꼽고** 있을 가능성도 큽니다.

우리나라 공공기관의 신뢰도는 매우 낮습니다. 지금의 사회 위기는 전쟁과 안보의 문제보다 부정부패의 문제, 특히 기득권을 가진 공공기관 공무원 출신의 부패 카르텔이 훨씬 큰 영향을 미치고 있습니다.

행안부는 정말로 이 문제를 제대로 관리하고 있는지 면밀히 들여다봐야 합니다. 280조 원 규모, 전국민의 절반 가까이가 이용하는 새마을금고를 힘들게 하는 이유가 소소한 것들 때문은 아닐지 의심스럽습니다.

국회만 제대로 작동하고 있었다면 이런 일이 이 지경까지 오지 않았을 것입니다. 새마을금고를 보면 대한민국의 무능하고 부패한 관료들의 실상이 그대로 보입니다.

박차훈 중앙회장의 사무실과 집까지 압수수색을 하여 증거물을 압수한 결과가 아직도 공개되지 않았습니다. 사법부 역시 이 문제에 대해 책임을 져야 할 시점입니다.

저희 시민단체, 서민금융선진화시민연대는 2019년부터 새마을금고의 개혁을 주장하고 감시해왔습니다. 심각한 문제점들을 들춰내고, 블로그, 집회, 기자회견, 신문 광고, 유튜브 등 온갖 수단을 동원하여 시민운동을 지속적으로 펼치고 있습니다.

행안부에게 공개 경고합니다. 새마을금고를 제대로 감독할 수 없다면, 솔직히 시인하고 감독권을 금융감독원에 넘기십시오. 그렇지 않으면 향후 벌어지는 모든 일에 대한 공동의 책임이 바로 행안부에 있음을 반드시 깨달아야 할 것입니다.

2023년 7월 13일
서민금융선진화시민연대

박근혜 탄핵안 인용 이진성 변호사는 선거법 위반 재판에서 유전무죄, 전관예우의 당사자 아닌가!

박근혜 탄핵안에 찬성한 이진성 전 헌법재판관의 "전관예우" 성격인 5천만 원 변호사비는 헌법재판소의 신뢰를 땅에 떨어뜨린 부끄러운 처사입니다. 이진성 변호사는 즉시 석고대죄하고 그 더러운 돈 5천만 원을 반납해야 마땅합니다.

서민들을 위한 새마을금고가 뱅크런의 위기에서 간신히 벗어났습니다. 그럼에도 이 사태의 진원지에는 박차훈 중앙회장의 잘못된 경영이 자리하고 있습니다. 부하직원들이 불법을 일삼았고, 수십억 원의 뒷돈을 챙기고 금융질서를 망가뜨렸습니다. 서민들의 푼돈을 모아 부당하게 대출하거나 투자하고 받은 뒷돈들입니다. 그뿐만이 아닙니다. 대체자산이라는 명목 하에 해외 부동산 자산에 대규모로 투자하여 손실을 입었고, 국내에서도 대전 홈플러스 부지 매입, 골프장 매입 등 수천억에서 조 단위 투자를 했다가 원금을 날리는 사례가 속출했습니다. 이는 새마을금고 박차훈 중앙회장의 경영 잘못을 넘어서, 금융 비리, 금융 범죄에 가까운 행위들입니다.

그런데 박차훈은 이러한 경영 비리, 금융 범죄 이전에 선거법 위반 범죄자입니다. 1,540만 원의 불법 비용을 사용하여 선관위에 고발당했습니다. 웬만한 재판이라면 벌금 1천만 원은 넘었을 사안입니다. 반면, 상대 후보는 단돈 42만 원을 잘못 썼다는 이유로 100만 원의 벌금형이 선고되었으니, 양형 기준대로라면 박차훈은 3천만 원 이상의 벌금이나 징역형을 받아야 마땅합니다. 그럼에도 불구하고 초호화 변호인단을 동원해 벌금 80만 원을 이끌어내며 당선무효를 피해갔습니다.

그 초호화 변호인단에는 헌법재판소 소장을 역임한, 박근혜 탄핵안을 인용했던 이진성 변호사가 포함되어 있었습니다.
그리고 이번에 이진성 변호사는 새마을금고가 투자한 회사의 자문단으로 이름만 올리고 아무런 자문 활동도 하지 않으면서 5천만 원을 받아갔다는 사실이 밝혀졌습니다. 이는 명백한 변호사비 대납입니다.

이렇게 돈을 준 회사와 그를 조종한 박차훈 중앙회장, 그리고 그 돈을 받은 이진성 변호사 모두 공범입니다.
대한민국 사법체계를 흔들고 조롱받게 만든 중대 범죄입니다.

이진성 변호사는 누구인가.

새마을금고 중앙회장 박차훈의 "전관예우", "유전무죄" 등 소위 "재판거래"에 등장한 이진성 변호사는 다름 아닌 박근혜 탄핵안에 찬성한 헌법재판관이었습니다.
박근혜 대통령의 탄핵안은 박근혜 대통령이 측근 최순실을 국정에 개입시키고, 삼성으로부터 최순실의 딸 정유라에게 승마용 말을 뇌물로 받는데 관여했다는 내용이었습니다. 이로 인해 박근혜 대통령은 대통령직을 상실했고, 결국 수감되는 치욕을 겪었습니다.

그 중심에 뇌물수수가 문제가 되었고, 이에 대해 아직도 논란의 여지가 있습니다. 박근혜 대통령을 최순실과 경제공동체로 엮었다는 점이 그 핵심입니다. 얼마 전, 곽상도의 아들이 화천대유로부터 50억 원을 받았다고 해서 무죄가 선고된 사례도 있었습니다. 당시 "결혼한 아들이고, 이 문제로 전화

통화를 한 적이 없다"는 이유로 무죄 판결이 내려졌는데, 혈연인 아버지와 아들 간에도 경제공동체를 인정할 수 없다는 판결이 나온 것입니다. 그러니 박근혜와 최순실이 동성애를 통한 부부 관계라도 되었다는 것인지 알 수 없습니다.

이진성 변호사는 사법부의 최고위 전관입니다.

사법시험 합격 후 부산지법 판사로 일하기 시작했고, 이후 대법원 재판연구관, 사법연수원 교수, 서울고법 부장판사, 법원행정처 차장, 서울중앙지법원장, 광주고등법원장 등을 역임하며, 헌법재판소 재판관을 거쳐 헌법재판소장까지 역임했습니다. 이진성 변호사는 대한민국 사법부의 최고위직 전관에 해당하는 인물입니다.
그런 이진성 변호사가 박차훈 중앙회장의 선거법 위반 변호인단에 합류하여 무죄를 이끌어냈다면, 대한민국 사법부는 전관예우로 재판이 아닌 개판이 되어버린 것입니다. 이진성 변호사는 법조계 최고위직 전관 출신으로, 늦게나마 부끄러워하고 있을지 의문입니다.

이진성 변호사는 응답하라...

박차훈 중앙회장의 선거법 위반 항소심 재판에서 이진성 변호사는 어떤 역할을 했는지, 그리고 그것이 유전무죄의 재판, 전관예우의 재판이었는지 아닌지 답하라.

2023년 8월 9일
서민금융선진화시민연대

새마을금고 이사장 종신제, 더 이상 안돼!
금융범죄 솜방방이 처벌도 그만, 중형 선고해야!

새마을금고 임직원 여러분! 꼭 이렇게 합시다.

창립이래 최대 수난을 겪고 있는 새마을금고!
박차훈 중앙회장 체제를 하루 빨리 씻어내고
이사장 종신제 등 사금고화 체제 개혁해야

서민의 벗이자 서민금융의 대표인 새마을금고를 위기에 빠뜨린 사람들을 똑바로 기억합시다. 그리고 다시 이들이 새마을금고에 발붙이지 못하도록 철저히 감시합시다.

박차훈 중앙회장을 비롯한 중앙회 신용공제 류혁 대표이사, 중앙회가 투자한 아이스텀 유모 대표, 박차훈 운전기사 출신 M캐피털 부사장, 중앙회 박모 전차장(40억 불법 수수, 1심 7년 선고), 중앙회 노모 전팀장(1심 5년 선고), 중앙회 오모 전팀장(1심 2년 선고), 중앙회 공제마케팅 전본부장을 포함해 중앙회 임직원 7명, 지역금고 5명의 기소자 명단을 반드시 파악해야 합니다.

우리나라 사법부는 금융 범죄에 대해 솜방망이 처벌을 내리고 있습니다. 각종 금융 사기, 횡령, 불법 수수 등이 여전히 근절되지 않는 이유 중 하나는 바로 전관예우와 재판거래의 문제입니다. 박차훈 중앙회장의 선거법 위반 재판이 그 좋은 예입니다. 본 시민단체는 담당 판사(광주지법 김태호, 김평호 판사)와 변호인(전 헌법재판소장 이진성 변호사)의 이름을 거론하며, 신문 광고를 통해 전관예우와 재판거래의 문제를 지속적으로 지적해왔습니다.

현재 새마을금고의 위기는 바로 전관예우와 재판거래라는 부끄러운 실상이 낳은 위기입니다.

그래서 본 단체는 다시금 박차훈 중앙회장의 선거법 위반, 즉 1,546만 원의 불법 선거자금을 쓴 사실을 상기시키고자 합니다.

2018년 중앙회장 선거에서 박차훈은 1,546만 원의 불법 자금을 사용했습니다. 대의원에게 자신을 찍어 달라고 과일 세트, 그릇 세트, 골프장 접대, 음식 접대 등을 하며 쓴 돈이 바로 그것입니다. 그런데 재판 기록과 언론 보도(논객닷컴)에 따르면, 이 과정에서 최천만 이사장이 드러났습니다. 그릇 세트와 과일 세트를 보냈을 때, 보낸 사람 이름을 최천만 이사장으로 적었고, 검찰 조사 결과 박차훈 본인이 보낸 것인데 최천만 이름으로 했다는 진술을 받았습니다. 이는 재판 기록에 나와 있고, 언론에도 보도되었습니다.

그뿐만 아니라, 인천 부평금고의 이사장이었던 최천만은 광주까지 가서 박차훈 후보와 지역금고 이사장들과의 식사 자리에 함께 했습니다. 이는 최측근이라고 할 수 있습니다. 이런 인연 때문인지, 최천만은 고액 연봉을 받는 새마을금고 복지회 이사장에 임명되었습니다. 불법 선거에 도움을 주었다는 이유로 보은 인사를 한 것입니다. 이런 것들이 누적되어 새마을금고가 부패하게 되었고, 역사상 가장 큰 불명예를 안게 되었습니다.

그런데, 경기일보가 2016년 5월에 보도한 바에 따르면, 최천만은 18년째 부평금고 이사장을 지냈다고 합니다. 2018년 박차훈 선거 때도 이사장이었으며, 20년 동안 이사장을 지낸 것입니다. 3연임 규정을 무시한 처사, 즉 불법 여부가 검토되어야 합니다. 점입가경으로, 최천만은 새마을금고 복지회 이사장을 마친 후, 또 다시 인천 부평금고의 이사장이 되었습니다. 이는 이사장 종신제를 만든 것이며, 새마을금고를 사금고(개인 소유 금고)화 한다는 비판을 피할 수 없습니다.

이러한 자들이 다시는 새마을금고에 발을 붙이지 못하도록, 철저히 감시하고 눈을 부릅뜨고 지켜봅시다!

2023년 10월 23일

서민금융선진화시민연대

<특집> 새마을금고! 이런 작태로 과연 살아 남을 수 있겠습니까? - 횡령사고의 원인, 사금고화 현상

새마을금고! 이런 작태로 과연 살아 남을 수 있겠습니까?

정신 못 차린 새마을금고는 임직원에 의한 횡령사고가 지금도 계속되고 있습니다. 최근에는 중앙회 회장대행을 맡고 있는 김인 부회장이 이사장으로 있는 남대문 새마을금고에서 모 부장이 5억원을 횡령했다는 뉴스가 나왔습니다. 또 있습니다. 용혜인 의원의 국정감사 내용이죠. 새마을금고가 지난 7년 사이 644억 원을 횡령했다는 내용은 전 국민이 알고 있습니다.

지난 7월 초에는 환매조건부 채권을 7조 원씩이나 발행하고 시중금리로 팔았습니다. 환매조건이 붙었고, 우량 담보물로 보증했기에 이를 매수한 시중은행과 국책은행인 산업은행과 기업은행은 매월 300억원이 넘는 이자를 챙겼을 겁니다. 새마을금고 입장에서는 지출하지 않아도 될 금같은 돈을 지출하고 있습니다. 물론 경영부실 때문입니다.

그 뿐 아닙니다. 지난 10월 24일자로 보도된 바에 따르면 뉴욕 타임스스퀘어 빌딩에 투자했다가 500억을 날렸다는 뉴스입니다. 본 단체가 조사한 바에 따르면 600억을 투자했다는데 어찌된 영문인지 이게 500억으로 줄었지만 한 푼도 건지지 못했다는 것입니다.

급기야 어제인 10월 26일에 나온 뉴스는 물류센터에 투자한 돈 1조 5천억을 날릴 판이라고 보도했습니다. 뉴스에 보도된 그대로를 여기에 옮겨 보겠습니다.

김 의원은 이날 열린 국회 행정안전위원회 종합국감에서 "주식을 처음 시작하는 걸 보통 '주린이'(주식+어린이)라고 하는데 이들이 시장 들어가서 '상투 잡아'(어떤 종목을 너무 비싼 가격에 샀다는 의미) 큰 손해를 본다"며 "새마을금고가 똑같다. 물류센터 개발에 1조5000억여원이란 어마어마한 돈 집어넣었다. 전형적인 상투잡이"라고 주장했다. 이어 그는 "물류센터 공실률이 지금 엄청나게 치솟고 있는데, 잘못하면 (투자한) 새마을금고가 다 떠안게 생겼다"고 우려했다.(중앙일보 2023.10.26. 보도/ 김의원 – 국민의힘 김웅 의원)

본 시민단체는 태양광 투자 실패를 꾸짖었습니다. 이 또한 뉴스로 보도되고 있습니다. 대전 홈플러스 부지에 고급 오피스텔을 건설하려 했지만 청약이 거의 없어 막대한 손해가 예상됩니다. 골프장을 최고가로 매수한 것 역시 과연 손해 보지 않고 투자원금을 뽑아 낼 수 있을지 여전히 의문입니다. 박차훈 중앙회장 시절 새마을금고는 거의 막장 경영을 일삼았습니다.

도대체 왜 이런 일들이 백주대낮에 버젓이 일어났을까요?

새마을금고가 "사금고화" 현상이 벌어졌기 때문입니다. 새마을금고법 제20조에는 이사장의 임기를 4년으로 하고 2차에 한정하여 연임할 수 있다고 규정했습니다. 4년 임기를 다하고 두 번 더 연임할 수 있으니 총 12년까지 할 수 있다는 말입니다.

따지자면 12년도 긴 세월입니다. 그런데 많은 새마을금고는 이마저도 무시하고 있습니다. 마지막 임기가 끝나기 전 꼼수로 이사장을 그만두고 바지이사장(대리 이사장)을 세우고 상근이사로 잠시 있다가 바지 이사장이 건강상의 이유로 그만두면 다시 3연임을 시작하는 수법을 쓰고 있습니다. 그 결과 무려 23년간 이사장을 하고 있는 새마을금고도 있습니다. 그런데 새마을금고 중앙회란 곳이 참 문제가 많습니다. 주로 이런 사금고화 현상의 대표적인 이사장들이 중앙회 이사를 맡고 있기 때문입니다.

본 시민단체가 검색한 뉴스 보도를 그대로 여기에 옮겨 보겠습니다. 마켓인사이트 언론이 취재보도하고 이를 한국경제TV 홈페이지에서 게재한 것입니다. 보도된 날짜는 2023년 8월 21일입니다.

안세찬 이사와 박수용 이사는 이사진 중에서도 가장 오래 특정 금고 이사장직을 유지했다. 임기 23년차의 안 이사는 순천북부금고 이사장직에 2000년 취임해 2004년, 2008년, 2012년, 2016년 네 차례 중임했다. 2020년 2월 퇴임했다 한 달 뒤 다시 취임했다. 부암동금고의 박수용 이사장은 2004년 자리에 올라 2008년, 2012년, 2016년 중임했다. 2019년 11월 사임했다 한 달 뒤 이사로 취임, 두 달 뒤인 2020년 2월 퇴임해 이사장으로 다시 취임했다. 임기 19년차다. 김성진 이사는 11년차로 12명 중 다섯 번째로 임기가 길다. 2012년을 시작으로 2016년과 2020년 중임한 후 2022년 8월 사임했다가 두 달 뒤 재취임했다.

모두 박차훈 중앙회 회장의 최측근으로 분류된다. 박 회장이 검찰에 영장실질심사를 받으러 출석할 때 마지막까지도 옆에 서서 보좌했던 인물들로 전해진다. 그 중 동울산금고 이사장인 김치규 이사는 박 회장을 가장 오랜 기간 옆에서 보필한 '오른팔'로 알려진다. 동울산금고는 박 회장이 1997년부터 2018년까지 21년간 이사장직을 지낸 '친정'으로, 김 이사는 이 금고에서 30년간 근무하며 실무 책임자로 있었다. 이사장직엔 2020년에 올랐다.

이런 이사장들이 새마을금고 중앙회 이사를 맡고 있었으니 지역단위 새마을금고 뿐만이 아닌 새마을금고중앙회 역시 사금고화 현상이 일어나고 있었던 것입니다. 새마을금고 이사장은 임기 4년에 두 차례 연임까지 가능하다고 법에 명시했는데, 이런 법을 무시하고 심지어 23년씩이나 이사장을 하고 있는 사람, 그리고 대부분이 3연임 이상의 불법 꼼수를 일삼고 있는 사람들이 새마을금고 중앙회 이사를 하고 있으니 오늘날의 이런 꼴을 만들어 낸 것 아니겠습니까?

지금 중앙회 회장대행을 맡고 있는 김인 부회장 역시 꼼수합병을 통한 이사장 종신제를 추진하고 있는 대표적인 사람 아닙니까? 그러니 새마을금고가 아직도 정신을 차리지 못하고 있다는 말이 나오는 것입니다.

마켓인사이트가 보도한 신문기사의 제목은 바로 이것입니다.

"시작부터 혁신 동력 상실"…'편법 연임' 이사로 채워진 새마을금고 혁신위

지금 새마을금고는 역사상 최고 위기에 처해 있습니다. 중앙회장부터 고위직 인사 대부분이 기소되어 재판을 받고 있습니다. 하루가 멀다하고 횡령사고와 수백 수천억을 넘어 조단위 손실 뉴스가 줄을 잇고 있습니다. 그런데 이러한 위기의 새마을금고를 혁신하겠다면서 "혁신위원회"를 만들었는데, 편법 연임 이사로 채워진 혁신위에 무엇을 기대할 수 있느냐는 비판이 언론에서 제기되고 있는 현실입니다.

지금이라도 혁신위는 당장 해산하고 국민과 새마을금고 회원들, 그리고 무엇보다 일선 새마을금고에서 성실하게 일하는 임직원들이 동의할 수 있는 진짜 혁신할 수 있는 분들로 혁신위를 새로 꾸려야 합니다.

이사장 임기 12년을 넘어 온갖 꼼수를 동원해 이사장 종신제를 진행하고 있는 인사들을 이번 기회에 완벽하게 퇴출시켜야 합니다.

지금 중앙회장 대행을 맡고 있는 김인 부회장의 경우도 문제가 심각합니다. 앞서 말씀드린 모 부장 5억원 횡령사고의 책임문제도 있지만, 김인 이사장 역시 이사장 종신제의 전형이기 때문입니다. 2008년에 남대문 새마을금고 이사장에 취임했으니 정상적이라면 3연임을 했다해도 2020년이면 임기를 마쳐야 합니다.

그런데 임기 만료 직전인 2019년에 자본금 300억원에 불과한 조그만한 충무로 새마을금고와 합병하게 됩니다. 그리고 남대문충무로새마을금고를 새로 출발시켜 이사장 임기를 새로 시작했습니다. 이거야말로 꼼수합병이자, 이사장 종신제의 전형입니다. 그러니 그 안에서 횡령사고가 일어나도 제대로 관리감독을 하지 못했던 것입니다.

자신의 금고 하나도 제대로 관리하지 못하는 사람이 전국 1300여 새마을금고를 대표하는 중앙회 회장 직무대행을 맡고 있다는 것이 문제입니다.

중앙회 임원들이 이 꼴이니 지역금고도 이를 따라하고 있습니다. 인천 산곡새마을금고의 이사장은 자신이 실무책임자로 있을 때 '대형 금융 사고'를 쳤습니다. 100억을 차명계좌로 분산시켜 세금을 내지 않도록 한 금융실명제법 위반 납세법 위반입니다. 그런 자가 자진 사퇴후 처벌을 받지 않고 이사장에 취임한 경우입니다. 이런 새마을금고를 그대로 놔둔다면 국민이 용서하겠습니까?

오랫동안 상호금융을 연구한 이민환 인하대 교수는 이사장 종신제를 막지 못하면 새마을금고 회원과 금고의 이익을 반영 못하고 이사장의 개인 사금고가 될 것이라고 경고했습니다. 실제로 종신제 이사장의 금고에서는 회원에게 한 푼도 배당하지 못하는 사례도 발생하고 있습니다.

새마을금고 임직원 여러분!

지금 새마을금고를 분명하게 개혁하지 않으면 여러분의 직장이 송두리째 날라갈수도 있습니다. 지금 분명하게 개혁의 목소리를 높이십시오.

2023년 10월 27일

서민금융선진화시민연대

안경묵 대표와 함께하는 새마을금고개혁TV, 아주 큰 성과를 냈습니다.

새마을금고개혁TV를 소개합니다.

인천의 한 지역금고 이사·감사를 지낸 바 있는 안경묵 대표의 제안으로 『서민금융선진화시민연대』가 발족되었습니다. 이는 2019년의 일이었으며, 안경묵 대표는 2018년부터 새마을금고 개혁을 외쳐왔습니다.

안경묵 대표는 대의원 제도의 문제점을 지적하며, 100여 명의 대의원이 이사장을 선출하는 시스템은 큰 문제라고 주장했습니다. 이사장 선거는 총회에서 직접 선거를 통해 진행되어야 한다고 강조했으며, 그 결과 4년 만에 국회가 이를 받아들였고, 새마을금고법이 개정되었습니다. 내년부터는 새마을금고 이사장 선거가 총회에서 직선제로 진행되며, 선거관리위원회에 위탁하는 방식으로 개선되었습니다.

이는 서민금융선진화시민연대의 시민운동 성과라 할 수 있습니다.

그뿐만 아닙니다. 안경묵 대표는 금고 이사장이 자신의 가족을 채용하는 불공정한 사례에 대해서도 지속적으로 지적했으며, 이 문제도 해결되었습니다. 이제는 이사장이 자신의 직계가족을 직원으로 채용할 수 없도록 제도 개선이 이루어졌습니다.

새마을금고중앙회 회장 박차훈의 선거법 위반과 불공정 재판에 대해서도 5년 동안 지속적으로 문제를 제기하며, 중앙회 자산 운영의 문제점도 조목조목 짚어가며 개혁을 외쳤습니다. 그 결과, 네이버 블로그, 신문 광고, 차량 캠페인, 집회 시위, 유튜브 방송 등을 통해 모든 가능한 수단을 동원했습니다. 그 성과로 중앙회 임직원 10여 명과 지역금고 임직원 30여 명이 구속 또는 재판을 받고 있으며, 중앙회장은 업무가 정지되고 재판이 진행되면서 사표 수리까지 되었습니다.

또한, 헌법재판소 소장을 역임한 이진성 변호사에게 공개적으로 질문을 던졌습니다. 이진성 변호사가 박차훈 중앙회장의 피의사실을 변호하는 것이 정당한지, 전관예우와 재판거래 여부를 신문 광고를 통해 공개 질의한 바 있습니다. 이 글은 네이버에서 이진성 변호사를 검색하면 서민금융선진화시민연대가 작성한 포스팅이 뜨는 성과를 이루었습니다. 새마을금고 개혁을 목표로 시민운동을 하다 보니, 사법개혁까지 주장하게 된 것입니다.

단 한 사람, 안경묵 대표!

한 사람의 문제 제기와 지속적인 활동이 시민단체 결성으로 이어졌고, 대단히 큰 성과를 낸 실증적인 사례입니다.

안경묵 대표와 함께하는 새마을금고개혁TV를 응원해 주십시오.

2023년 11월 14일

서민금융선진화시민연대

박차훈 전 중앙회장이 골라 쓴 류혁 신용공제 대표이사의 1% 알선비 51억 사건

새마을금고 중앙회 전 중앙회장 박차훈의 범죄사실이 점차 드러나고 있습니다.
이미 재판을 받고 있는 류혁 신용공제 대표이사의 범죄 혐의인데요.

먼저 신용공제 대표이사, 이게 어떤 직책인지 살펴보겠습니다. 전국에 1300여개의 지역 단위 새마을금고가 있습니다. 각자 별도의 조합법인입니다. 이사장과 이사 대의원 회원으로 구성된 독립적 마을금고 조합입니다.
그런데 이 새마을금고가 모여 중앙회를 결성합니다. 그리고 중앙회에 대내예치금을 모아두죠. 중앙회는 이렇게 모인 돈을 신용사업 및 공제사업에 활용합니다.

신용사업은 여신 수신업무를 말합니다. 수신업무로는 일시예탁금, 정기예탁금, 내국환 정산 등이 있고 여신업무로는 대출, 신용대출, 담보대출 등이 있습니다. 그 외에도 예금자보호제도를 운영합니다. 이러한 일들을 수신업무라고 합니다.
공제사업은 보험사업을 말합니다. 생명보험과 손해보험인데 보험 대신 공제를 붙여 생명공제와 손해공제라고 합니다. 신용사업과 공제사업을 한 부서에서 관리하는데 그것이 신용공제라고 하고 류혁은 신용공제의 대표이사였습니다.

신용공제사업부서는 국민연금과 비교하면 기금운용본부에 해당합니다. 매우 중요한 부서이죠. 그런데 이렇게 중요한 부서의 장은 신용공제 대표이사입니다.

류혁 신용공제 대표이사의 경력은 이를 감당할 만한 수준인지 심각하게 의심되었습니다. 류혁의 경력은 2010년 1월까지 한국토지신탁의 전략사업본부장이었고, 2015년 5월에는 아이스텀 자산운용의 공동대표를 역임한 것이 전부입니다. 그러다가 2020년 5월 새마을금고중앙회 신용공제 대표이사가 되었습니다.

류혁 대표이사 이전의 권광석 대표이사는 더 형편없는 자격 논란에 휘말렸습니다. 연봉이 4억원이고 50조원의 자산운용을 하는 중요한 일인데, 권 대표의 경력은 홍보실 근무이고 투자 실무 경력이 없다는 비판을 받기도 했습니다. 새마을금고중앙회의 인사 운영 시스템에 심각한 문제가 있었음을 보여줍니다.

한국일보가 새마을금고 중앙회 및 지역단위 새마을금고의 문제점을 기획 특집으로 보도한 바 있습니다.

2024년 1월 27일

전세사기 대출! 새마을금고 개혁을 외면하는 국회가 책임져라.

새마을금고의 전세사기 대출 피해자 문제와 국회의 책임을 묻는다: 전국 1280개 새마을금고의 통·폐합은 필수적이다!

최근 드러난 새마을금고의 전세사기 대출 사건들은 금융기관으로서의 신뢰를 완전히 무너뜨렸습니다. 인천 미추홀구, 대전, 군산 등 전국 각지에서 발생한 전세사기 사건들은 수천 명의 서민들을 절망으로 몰아넣었고, 피해 규모는 6,000억 원에 달합니다. 일부 피해자들은 극단적인 선택을 하기도 했습니다. 이 모든 사태의 중심에는 새마을금고가 있으며, 특히 인천 산곡 새마을금고가 그 원조 격이라는 사실은 더욱 충격적입니다.

새마을금고는 서민들의 재산을 보호하고 안전한 금융 서비스를 제공할 책임이 있는 기관입니다. 그러나 현재 새마을금고는 그 역할을 방기하고 있으며, 부실 대출과 사기 사건으로 서민들의 삶을 파탄 내고 있습니다. 이 사태는 단순한 금고 운영의 문제를 넘어서, 금융 시스템 전반에 걸친 구조적 문제를 드러내고 있습니다.

더 큰 문제는 이 상황에서도 국회가 새마을금고 개혁 법안을 제대로 처리하지 않고 있다는 점입니다. 지난해 뱅크런 사태 이후 여러 차례 새마을금고법 개정안이 발의되었지만, 21대 국회에서 제대로 논의되지 않은 채 자동 폐기되었습니다. 이로 인해 새마을금고의 개혁 작업은 지연되고 있으며, 서민들은 여전히 위험에 노출되어 있습니다. 정치권은 새마을금고 이사장들의 눈치를 보며 개혁을 미루고 있습니다. 이런 무책임한 태도가 결국 수많은 서민들을 고통 속에 몰아넣고 있는 것입니다.

서민금융선진화시민연대는 지난 6년간 새마을금고 개혁을 위해 다양한 활동을 벌여왔습니다. 새마을금고 대의원제도의 폐지, 감독권을 행안부에서 금융감독원으로 이관, 이사장 직선제 도입 등 우리의 요구는 새마을금고를 건강하게 발전시키기 위한 최소한의 조치였습니다. 그러나 여전히 미흡한 점이 많습니다. 이제 우리는 더 강력한 개혁을 요구합니다.

첫째, 전국 1280개의 새마을금고를 행정구역 단위인 243개로 통·폐합할 것을 강력히 주장합니다. 이는 새마을금고의 사금고화를 막고, 금융의 전문성을 확보하기 위한 필수적인 조치입니다. 이미 서울 강북 지역에서 성공적으로 통·폐합을 시행하여 효율적인 운영을 이루고 있습니다. 이사장의 자격 검증을 강화하고, 금고 업무 전반을 전산화하며, 방대한 인력 운영을 구조 조정하는 것은 더 이상 미룰 수 없는 과제입니다.

둘째, 새마을금고의 감독권을 행안부에서 금융감독원으로 이관해야 합니다. 새마을금고는 은행과 같은 금융기관임에도 불구하고, 행안부 산하에 있어 금융전문기관의 감독을 받지 않고 있습니다. 이로 인해 불법 대출과 부실 경영이 방치되고 있습니다. 금융감독원 산하로 이관하여 더욱 철저한 감시와 관리가 필요합니다.

셋째, 정치권은 새마을금고 개혁을 더 이상 미루지 말아야 합니다. 현재의 예금자 보호 제도는 새마을금고의 부실 경영을 방조하고 있으며, 이는 결국 국민의 세금으로 메워지고 있습니다. 정치권은 서민들의 목소리에 귀 기울여 새마을금고의 부실 경영 책임을 엄중히 묻고, 필요한 법적 개혁을 즉각 추진해야 합니다.

우리는 새마을금고의 전세사기 대출 사건과 이를 방치한 정치권의 무책임에 분노하며, 서민들의 재산과 생명을 지키기 위해 끝까지 싸울 것입니다. 정치권과 관련 기관들은 새마을금고가 더 이상 사기꾼의 호주머니를 채우는 기관이 되지 않도록, 우리 서민들의 목소리에 응답해야 합니다. 전국 1280개 새마을금고의 통·폐합을 통한 개혁을 서둘러 실행할 것을 강력히 촉구합니다.

2024년 8월 21일

서민금융선진화시민연대

전국 1280개 새마을금고는
행정구역 단위인 243개로 통·폐합 되어야 합니다.

새마을금고는 총 자산규모가 300조 원에 이릅니다. 이렇게 큰 돈이 모인데는 타 금융기관보다 다소 높은 예금이자와 예금자 보호 제도 덕분입니다. 문제는 현재의 새마을금고가 이렇게 큰 돈을 굴려서 높은 이자를 줄 능력이 없다는 점입니다.

새마을금고는 오랜 세월 아파트 중도금 대출에서 수익을 냈습니다. 개인이 아파트를 담보로 빌리는 돈은 금고 입장에서는 매우 안정적인 대출처였습니다. 그런데 지난 6~7년 전부터 아파트 중도금 대출 사업을 1금융권인 시중 은행에 빼앗겼습니다. 당시 새마을금고중앙회 회장은 자신의 선거법 위반을 덮기 위해 온통 그 일에 매달린 나머지 새마을금고의 주요 수익원을 보호하지 못하고 말았습니다.

새마을금고는 그 대안으로 기업 대출과 부동산PF 대출에 나섰고, 그게 화근이 되었습니다. 서울 아파트값이 크게 오를 때는 부동산 PF 대출에서 큰 수익이 날 것처럼 보였습니다. 새마을금고가 중앙회든 지역금고든 앞다투어 부동산PF 대출에 나선 이유입니다.

그렇게 빌려 주고도 돈이 남자 기업대출을 확대해 나갔습니다. 말이 기업대출이지 대기업은 물론 중소기업도 아닌 자영업자 대출이 대부분이었습니다. 권력자 혹은 정치인도 이 대열에 합류하여 사업자금을 대출 받아 부동산 투기에 나서는 실정이었습니다.

새마을금고에 모인 막대한 돈은 이렇게 허술하게 관리되었습니다. 부동산 값이 한계에 달하자 당장 PF 대출에 문제가 생겼습니다. 심지어 중앙회는 대체투자의 큰 손이라 불리며 해외 부동산 투자에 열을 올리고 말았습니다. 결국 엄청난 손실이 발생하고 말았습니다.

그러한 후진적 금고운영의 결과 지난 2023년도에는 뱅크런이 일어나는 등 새마을금고 65년 역사상 치욕적인 한 해를 겪었고, 지금도 불법 부실 대출 사태로 인한 재정 적자를 메우기 위해 한국 자산관리공사 즉 캠코에 매년 1조 원이 넘는 큰 돈을 매각 처리하고 있는 중입니다.

이는 곧 새마을금고의 불법 부실 경영 책임을 국민의 세금으로 메우는 한심한 실정이라 하지 않을 수 없습니다.

본 단체 서민금융선진화시민연대는 2019년부터 활동을 시작했습니다. 박차훈 전 새마을금고중앙회장의 선거법 위반 및 중앙회 기금 부실 운영 등을 지속해서 제기했고, 인천 대구 서울 등 단위 새마을금고의 문제점을 제보받아 사회적 고발 등 개혁을 외치고 있습니다.

본 단체는 새마을금고 대의원제도의 폐지를 외쳤고, 감독권을 행안부에서 금융감독원으로 이관하라는 주장을 펼쳤습니다. 이사장 직선제와 선거관리위원회에 이사장 선거를 위탁해서 실시하자고 주장했습니다. 상당 부분 이런 주장이 수용되기도 했지만, 실제로는 또 다시 편법이 등장해서 새마을금고의 고질적인 문제가 계속되고 있습니다. 그래서 우리의 개혁적 주장은 멈출 수가 없는 것입니다.

이번에 그 어느 때보다 혁신적인 새마을금고 개혁안을 제안합니다. 전국 1280개 금고를 구·시·군 행정단위인 243개로 통폐합하는 주문입니다. 그 이유는 이사장의 전문성과 청렴성을 확보하고 지자체의 관심 속에 새마을금고가 보다 개혁적으로 운영될 수 있기 때문입니다.

이는 1280개의 금고와 3천개가 넘는 점포를 줄이자는 것이 아닙니다. 새마을금고와 점포 그리고 직원들은 그대로 있지만, 이사장 수만 줄이는 것입니다. 통폐합된 새마을금고는 구시군 단위로 이사장 한 명만 남고, 나머지 금고는 지점이 되는 식입니다.

정치가 선진화될때 국민 생활도 윤택해 집니다. 한 때 정치권은 앞다투어 예금자 보호 한도를 높이자고 주장했습니다. 현재의 1인당 5천 만원 한도는 24년 전의 일이고 국민 경제 규모가 커진 만큼 예금자 보호 한도 역시 높아져야 한다는 주장입니다. 얼핏 들으면 합리적 주장 같지만 새마을금고의 사례에서 보듯 이는 더 큰 문제가 발생할 수 있습니다. 예금자를 보호한다는 취지가 자칫 금고 경영진의 도덕적 해이로 이어질 가능성이 크고, 금융권의 무책임 경영으로 더 큰 난관에 봉착할 수 있기 때문입니다.

예금자 보호 조치 이전에 새마을금고 등 금융권의 선진 경영시스템을 먼저 만들어야 합니다. 그 선진화된 조치 중 가장 중요한 것이 바로 행정 단위별로 통폐합하는 것입니다. 이렇게 하면 이사장 선거 시 자격 검증을 통한 전문성 있는 인사를 선발하게 되어 제도적 허점이 개선될 것이 확실하기 때문입니다.

정치권, 행정안전부, 지자체 그리고 언론과 시민단체에 제안 드립니다. 새마을금고가 더 이상 사기꾼의 호주머니를 채우는 금고가 되지 않도록 적극 관심 가져 주시기 바랍니다. 전국 1280개 새마을금고의 이사장이 소위 '이사장 종신제' 등을 통해 사금고화 하는 현상을 막아 주십시오. 금융에 대해 잘 모르고 사리사욕만 채우는 이사장을 퇴출하는 것이 그나마 새마을금고의 정상화에 기여하게 될 것입니다.

2024년 12월 28일

서민금융선진화시민연대

인천 미추홀구는 더 이상 새마을금고를 방치하지 말고 특별한 대책을 강구하라.

인천 미추홀구의 새마을금고는 특별한 대책이 필요합니다.

전국 구시군 단위 즉 행정구역 별로 새마을금고의 실태를 조사해보니 인천 미추홀구에는 무려 16개 금고가 있습니다. 구시군 별 평균 새마을금고의 수는 5개에 불과한데, 미추홀구는 많아도 너무 많습니다.

그러다보니 인천 전체의 새마을금고에도 악영향을 주고 있습니다.

인천에는 53개의 새마을금고가 있고 미추홀구에만 16개가 있습니다. 미추홀구를 제외한 인천의 새마을금고당 평균 자산은 당기(24년 6월말, 아래 동일) 기준 2,874억 원입니다. 그런데 미추홀구 16개 금고의 평균 자산은 1,332억에 불과합니다. 규모가 너무 작습니다. 게다가 미추홀구 관내 16개 새마을금고 중 숭의, 주안, 학익 금고만 당기순이익을 냈고, 나머지 13개는 당기순손실을 냈습니다. 적자를 본 것입니다.

경기일보 2024년 3월 보도에 따르면 인천 새마을금고의 자산 건전성이 심각한 상태라고 합니다. 놀랍게도 자산 건전성 지표는 시중 은행의 130배에 달한다는 것입니다. 또한 이데일리는 인천 지역 4개 금고중 한 곳이 경영 개선 권고 대상이라고 밝히기도 했습니다.

빌라왕 전세사기 등 서민들의 울분을 자아내고 심지어 극단적 선택까지 이어지는 안타까운 사건들이 바로 인천 미추홀구에서 일어난 일들입니다. 부동산PF 대출도 심각한 적자 상태에 놓였습니다.

미추홀구 관내 새마을금고 16개 중 14개는 2023년 2024년 연속으로 출자회원에 대한 배당을 실시하지 않았습니다. 이로 인해 회원들이 새마을금고를 떠나고 있습니다.

상황이 이렇게 심각함에도 행정당국(미추홀구)은 이에 대해 전혀 대책을 세우지 않고 있습니다. 특히 미추홀구 차원에서 새마을금고의 부실 운영에 대한 특별한 감사가 실시되어야 하지만 그렇게 한다는 뉴스는 보이지 않습니다.

이에 본 시민단체(서민금융선진화시민연대)는 새마을금고의 통폐합을 강력하게 주장합니다. 첨부한 성명서를 반드시 참고하여 인천 미추홀구의 새마을금고 개혁을 강력하게 추진해 주시기 바랍니다.

인천 미추홀구 16개 새마을금고의 주요 평가지표 분석

새마을금고는 서민금융기관으로서 대출과 예금 중심의 자산 구조를 가지고 있습니다. 이를 기반으로 인천 미추홀구의 16개 금고를 몇 가지 주요 지표를 통해 평가한 결과는 다음과 같습니다.

1. 자기자본비율 8% 이하 14개 금고

자기자본비율이 8% 이하로 내려가면 부실 리스크가 높아질 가능성이 큽니다.

기초	금고명	자기자본 비율	대출채권 비율	예수부채 비율	연체대출금 비율
미추홀	학익	8.6%	56.7%	88.6%	8.2%
미추홀	숭의	4.6%	73.8%	92.7%	4.8%
미추홀	주안	5.6%	47.5%	90.5%	6.9%
미추홀	제물포	7.2%	59.5%	89.5%	10.1%
미추홀	도화2동	5.7%	57.7%	91.1%	8.5%
미추홀	관교문학동	2.5%	65.6%	93.9%	17.5%
미추홀	남인천	4.6%	63.7%	91.0%	13.6%
미추홀	도화1동	6.9%	58.7%	89.6%	15.3%
미추홀	도화3동	2.7%	66.2%	92.9%	13.1%
미추홀	미추홀	1.4%	56.2%	95.7%	12.6%
미추홀	새인천	5.8%	65.0%	90.5%	7.3%
미추홀	석바위	4.0%	48.9%	91.6%	16.8%
미추홀	온누리	3.3%	68.3%	93.9%	10.4%
미추홀	용일	4.0%	65.0%	92.4%	17.5%
미추홀	주안동신기	11.1%	63.5%	86.2%	6.5%
미추홀	한마음	7.0%	63.4%	90.4%	14.9%

인천 미추홀구 관내 새마을금고 상태 / 2024년 전반기 기준

따리시 8% 이상의 비율을 유지하는 것이 권장되며, 10% 이상이면 안정적인 상태로 평가됩니다.

그러나 인천 미추홀구의 16개 새마을금고 중 14개가 8% 미만의 자기자본비율을 기록하고 있어, 대다수 금고가 부실 리스크가 매우 높은 상태로 평가됩니다.

다행히 2개 금고는 8.6%와 11.4%의 자기자본비율을 보이며 상대적으로 안정적인 상태를 유지하고 있습니다.

이 결과는 미추홀구 새마을금고의 전반적인 재무 건전성이 낮아 즉각적인 리스크 관리와 자기자본비율 개선 노력이 필요함을 시사합니다.

2. 대출채권 비율 60% 이하 7개 금고

대출채권 비율의 적정선은 60%에서 80% 사이로 평가됩니다.

60% 이하는 대출 정책이 지나치게 보수적임을 나타내며, 이는 수익을 극대화하는 데 어려움을 겪을 수 있음을 의미합니다.

반면, 80% 이상은 대출 의존도가 과도해져 리스크가 증가할 가능성이 큽니다. 이 경우, 대출 부실 가능성이 높아지고 자산 변동성이 커질 위험이 있습니다.

미추홀구에서는 대출채권 비율이 60% 이하인 금고가 7개로, 이 금고들은 수익을 극대화하기 어려운 상황에 놓여 있는 것으로 평가됩니다.

3. 예수부채 비율 90% 초과 12개 금고

예수부채 비율은 80~90% 수준이 적정합니다. 그러나 90%를 초과하는 금고는 예금 의존도가 과도해져 유동성 위험이 발생할 가능성이 큽니다.

미추홀구에서는 예수부채 비율이 90%를 초과하는 금고가 총 12개에 달하며, 이러한 금고들은 유동성 위험이 있다는 평가를 받고 있습니다.

유동성 위험이란 필요한 돈을 제때 마련하지 못해 발생하는 문제를 의미하며, 이는 예수부채 비율을 통해 평가할 수 있습니다.

4. 연체대출금비율

인천 미추홀구 관내 새마을금고의 가장 큰 문제점은 연체대출금 비율입니다. 미추홀구 내 여러 새마을금고의 연체대출금 비율은 적정선을 한참 넘어 비상경영상태에 이를 정도로 심각합니다. 일반적으로 연체대출금 비율이 3% 이내여야 양호한 상태로 평가되지만, 미추홀구 관내 새마을금고 중 가장 낮은 곳조차 4.8%에 이르며, 대부분의 금고는 10%를 훌쩍 넘깁니다. 특히 용일 새마을금고의 연체대출금 비율은 17.5%에 달해, 매우 위험한 상황임을 보여줍니다. 이러한 연체대출금 비율 지표는 미추홀구 관내 새마을금고들이 심각한 재정적 위기에 처해 있음을 명확히 나타냅니다.

2024년 12월 28일

서민금융선진화시민연대

새마을금고 부정부패의 온상인 대의원제도를 반드시 없애야 합니다!

새마을금고 이사장 첫 직선제를 맞아 공명선거 실시를 촉구하며

오는 3월 5일, 새마을금고 역사상 최초로 중앙선거관리위원회 관리 하에 진행되는 이사장 직선제가 시행됩니다. 이는 그동안 간선제 하에서 반복적으로 제기되었던 금품 제공과 부정선거의 문제를 근본적으로 해결하고, 투명한 선거 문화를 정착시킬 중요한 전환점이 될 것입니다. 하지만, 전국 1281개 새마을금고 중 자산 2천억 이상인 543곳만 직선제를 시행하며, 나머지 700여 개의 새마을금고는 여전히 간선제 및 대의원 선거제도를 유지하고 있어 큰 사각지대가 존재합니다. 이에 우리는 다음과 같은 요구를 강력히 주장합니다.

1. 간선제와 대의원 선거제도의 전면적인 개선을 요구합니다.

현재 직선제가 적용되지 않는 700여 개의 새마을금고는 간선제와 대의원 선거제도로 인해 투명성과 공정성이 크게 부족합니다. 국회는 관련 법률을 개정하여 자산 규모와 관계없이 모든 새마을금고가 직선제를 실시하도록 해야 합니다. 또한 중앙선관위는 법률 개정이 이루어지지 않더라도 내부 결의를 통해 자산 2천억 원 이하의 새마을금고도 직선제를 시행할 수 있도록 적극적으로 나서야 합니다. 특히 자산 2천억 원 이하의 금고에서 자체적으로 선관위를 꾸리는 것은 비리의 온상이 될 가능성이 큽니다. 따라서 대의원 선거를 실시하는 곳이라 하더라도 반드시 중앙선관위가 선거를 관리하도

록 하여 비리를 근본적으로 차단해야 합니다. 이는 전체 새마을금고가 선관위 관리 하에서 투명하고 공정한 선거를 시행하는 데 필수적인 조치입니다.

2. 선관위의 철저한 관리와 감시를 촉구합니다.

중앙선거관리위원회는 이번 선거가 공직선거에 준하는 관리 수준으로 진행될 것이라 밝혔습니다. 하지만 기존에 만연했던 금권선거와 비리의 폐해를 감안할 때, 더욱 강력한 감시와 대처가 요구됩니다. 선관위는 금권선거를 사전에 방지하고, 발생 시 철저히 조사하여 단호히 처벌해야 할 책임이 있습니다.

3. 금권선거는 절대 용납될 수 없습니다.

새마을금고 이사장 선거는 금고 회원 430만(거래 고객 2,300만) 명의 신뢰와 서민금융의 미래가 걸린 중대한 선거입니다. 후보자들은 금권선거의 유혹을 완전히 끊어내고, 공정한 경쟁을 통해 회원들의 선택을 받아야 합니다. 부정한 행위로 당선된 이사장은 결국 금고의 부실과 회원의 피해로 이어질 뿐임을 명심해야 합니다.

4. 회원 여러분의 적극적 참여와 감시를 요청합니다.

투표는 회원 한 사람 한 사람의 권리이자 의무입니다. 회원 여러분은 자신의 권리를 올바르게 행사함으로써 새마을금고의 미래를 결정할 수 있습니다. 또한 금품 제공이나 부정행위가 발견될 경우, 즉시 신고하여 선거의 공정성을 지키는 데 동참해 주시기 바랍니다.

5. 새마을금고는 서민금융의 중심입니다.

새마을금고는 서민들의 자산을 안전하게 지키고, 지역사회와 함께 성장해온 기관입니다. 이사장 선거는 단순히 개인의 당락을 넘어 서민금융의 투명성과 신뢰성을 좌우하는 중요한 자리입니다. 이번 선거가 새로운 도약의 계기가 될 수 있도록 모두가 책임감 있게 임해야 합니다.

6. 투명성과 신뢰를 위한 지속적인 개혁이 필요합니다.

이번 직선제는 공정성과 투명성을 향한 첫걸음일 뿐입니다. 선거 이후에도 새마을금고의 구조적 문제와 운영상의 부패를 근절하기 위한 지속적인 개혁이 필요합니다. 특히 중앙회의 관리 및 감독 기능을 강화하고, 회원들의 참여와 감시를 제도적으로 보장해야 합니다. 이는 단순히 선거의 문제가 아니라 서민금융의 미래와 직결된 과제입니다.

우리는 선관위와 회원, 그리고 후보자들에게 다시 한번 공명선거를 향한 적극적인 노력을 촉구합니다. 새마을금고가 국민적 신뢰를 회복하고, 서민금융의 모범으로 거듭나는 계기가 되길 간절히 기대합니다.

2025년 1월 18일

서민금융선진화시민연대

"편법 4연임 새마을금고 이사장 선거, 즉각 무효화하고 재선거를 실시하라"
사법당국은 책임자를 엄정 수사하고 강력히 처벌하라

지난 3월 처음으로 직선제로 실시된 전국 새마을금고 이사장 선거에서 편법으로 4선 이상 연임에 성공한 당선자가 132명에 이르는 것으로 드러났다. 이는 현행 새마을금고법이 정한 '2차례 연임 제한' 규정을 무력화한 것으로, 금고를 옮기거나 대리인을 내세워 조기 사퇴시키고 본인이 다시 출마하는 방식 등 다양한 꼼수와 편법이 동원된 사실이 확인되었다.

이러한 행위는 단순한 선거 전략이 아니라 법과 제도의 본질을 훼손하고, 서민금융기관의 공공성과 신뢰를 무너뜨리는 심각한 제도 왜곡이다. 무엇보다 전국 1280개에 달하는 새마을금고 중 132곳이 편법 연임에 의해 장악되었다는 점은 이미 구조적 부패가 고착화되었음을 보여주는 신호다.

새마을금고는 서민을 위한 협동조합 금융기관이다. 그러나 다수의 금고가 장기 집권 이사장들에 의해 사실상 사유화되고 있으며, 이러한 비정상적인 구조는 결국 무리한 기업 대출, 부동산 PF 대출로 이어져 2023년 뱅크런 사태, 1조 7천억 원의 순손실, 대규모 부실채권과 자산 매각 등 심각한 위기로 이어졌다.

이 모든 사태의 뿌리에는 무책임한 장기 집권, 내부 견제 없는 폐쇄적 구조, 그리고 이를 묵인하거나 방조한 감독당국의 책임이 있다. 특히 편법 연임은 선거의 정당성을 훼손한 중대한 사안이며, 당선자의 자격은 물론 해당 선거 전체의 합법성에 의문을 제기하게 만든다.

이에 서민금융선진화시민연대는 다음과 같이 강력히 요구한다.

첫째, 편법으로 4선 이상 연임에 성공한 132곳의 이사장 선거는 즉각 무효화하고 재선거를 실시해야 한다.

둘째, 선거법과 새마을금고법을 우회한 편법 연임 행위에 대해 사법당국은 즉시 수사에 착수하고, 관련자에 대해 형사적 책임을 물어야 한다.

셋째, 새마을금고중앙회는 편법 연임이 발생한 선거의 전 과정을 감사하고, 결과를 국민 앞에 투명하게 공개해야 한다.

넷째, 행정안전부는 감독기관으로서의 직무유기를 반성하고, 제도적 재발방지책을 즉각 수립해야 한다.

다섯째, 향후 이사장 선거는 외부 선거관리기구에 위탁하여 공정성과 투명성을 확보하고, 전문성과 윤리성을 갖춘 인사가 선출될 수 있도록 자격 검증 기준을 강화해야 한다.

새마을금고는 단순한 협동조합이 아니다. 전국적인 금융기관으로, 국민의 자산과 서민경제를 지탱하는 중요한 기둥이다. 이 기관이 더 이상 편법과 탐욕의 온상이 되어서는 안 된다. 편법 연임은 단지 권력의 연장이 아니라, 부패의 근원이며 서민금융을 좀먹는 암덩어리다.

지금이야말로 새마을금고를 바로세우고, 장기 집권과 사금고화 구조를 철저히 청산해야 할 골든타임이다. 우리는 모든 시민과 뜻있는 임직원들이 함께 목소리를 내어, 개혁을 실현할 것을 호소한다.

2025년 3월 26일

서민금융선진화시민연대